I0818401

LANGUES ET CULTURES AFRICAINES

12

Marie-Jo DERIVE

ÉTUDE DIALECTOLOGIQUE DE L'AIRE MANDING DE CÔTE-D'IVOIRE

Fascicule 2

Annexes et Appendices

Selaf n° 319

Publié avec le concours
du CENTRE NATIONAL DE LA RECHERCHE SCIENTIFIQUE (CNRS)
et de l'AGENCE DE COOPÉRATION CULTURELLE ET TECHNIQUE (ACCT)

PEETERS

PARIS
1990

LACITO
Laboratoire de Langues et Civilisations à Tradition Orale
44, rue de l'Amiral Mouchez
75014 Paris
Département «Langues, communication et sociétés en Afrique intertropicale»

AGENCE DE COOPÉRATION CULTURELLE ET TECHNIQUE

(A.C.C.T.)

ÉGALITÉ, COMPLÉMENTARITÉ, SOLIDARITÉ

L'Agence de Coopération Culturelle et Technique, organisation internationale créée à Niamey en 1970, rassemble des pays liés par l'usage commun de la langue française à des fins de coopération dans les domaines de l'éducation, des sciences et des techniques et, plus généralement, dans tout ce qui concourt au développement des Etats Membres et au rapprochement des peuples.

Pays membres

Belgique - Bénin - Burkina Faso - Canada - République Centrafricaine - Comores - Congo - Côte-d'Ivoire - Djibouti - Dominique - France - Gabon - Guinée - Guinée Equatoriale - Haïti - Liban - Luxembourg - Madagascar - Mali - Maurice - Monaco - Niger - Rwanda - Sénégal - Seychelles - Tchad - Togo - Tunisie - Vanuatu - Viêt-Nam - Zaïre.

Etats Associés

Cameroun - Egypte - Guinée-Bissau - Laos - Maroc - Mauritanie - Sainte-Lucie.

Gouvernements participants

Nouveau-Brunswick - Québec.

ISSN 0755-9305
ISBN 2-87723-029-5

Dépôt légal : Décembre 1990

ANNEXE 1

CARTES DES VARIATIONS

des items, des traits phonétiques et des morphèmes grammaticaux

Sont réunies ici les cartes des variations de certains items sur le domaine manding ivoirien, ainsi que celles des traits phonétiques et des morphèmes grammaticaux, soit les quarante-quatre cartes suivantes :

Carte 26. Item n° 82 "bovin"
27. Item n° 105 "pourrir"
28. Item n° 55 "chemin"
29. Item n° 80 "cheval"
30. Item n° 155 "manger"
31. Item n° 64 "trou"
32. Item n° 67 "corde"
33. Item n° 79 "poisson"
34. Item n° 23 "aile"
35. Item n° 12 "cuisse"
36. Item n° 154 "brûler"
37. Item n° 66 "couteau"
38. Item n° 91 "huile"
39 Item n° 41 "lune"
40. Répartition de **ɸ** en C-
41. Répartition de **ʃ** en C-
42. Répartition de **y** en C-
43. Répartition de **l** au lieu de **d** en C-
44. Répartition de **gb** au lieu de **b** en C-
45. Répartition de **w/v** au lieu de **b** en -C-
46. Répartition de **mb** au lieu de **b** en -C-
47. Répartition de $CV_1 l V_1$ au lieu de $CV_1 r V_1$
48. Répartition de $CV_1 l V_2$ au lieu de $CV_1 r V_2$
49. Répartition de **-n-** au lieu de **-r-**
50. Répartition de **-t-** au lieu de **-r-**
51. Répartition de **r** en -C-
52. Répartition de **n** en -C-
53. Répartition de **g** en -C-
54. Répartition de **ü / ṵ̈**
55. Répartition de **ö / ö̰**
56. Les suites C**y**V correspondant à CVCV
57. Les suites C**w**V correspondant à CVCV
58. Les suites CV_1V_1
59. Les suites CV_1V_2

Carte 60. Le morphème du spécifique
61. Le morphème du pluriel
62. Le prédicatif non verbal d'identification dans un schème à 1 terme
63. Le prédicatif non verbal d'identification dans un schème à 2 termes
64. Le prédicatif non verbal de situation
65. Le prédicatif du présent
66. Le prédicatif de l'éventuel
67. Le prédicatif à valeur d'injonctif
68. Le prédicatif verbo-adjectival
69. Le prédicatif de l'inactuel

Carte 26 – Item 82 : "BOVIN"

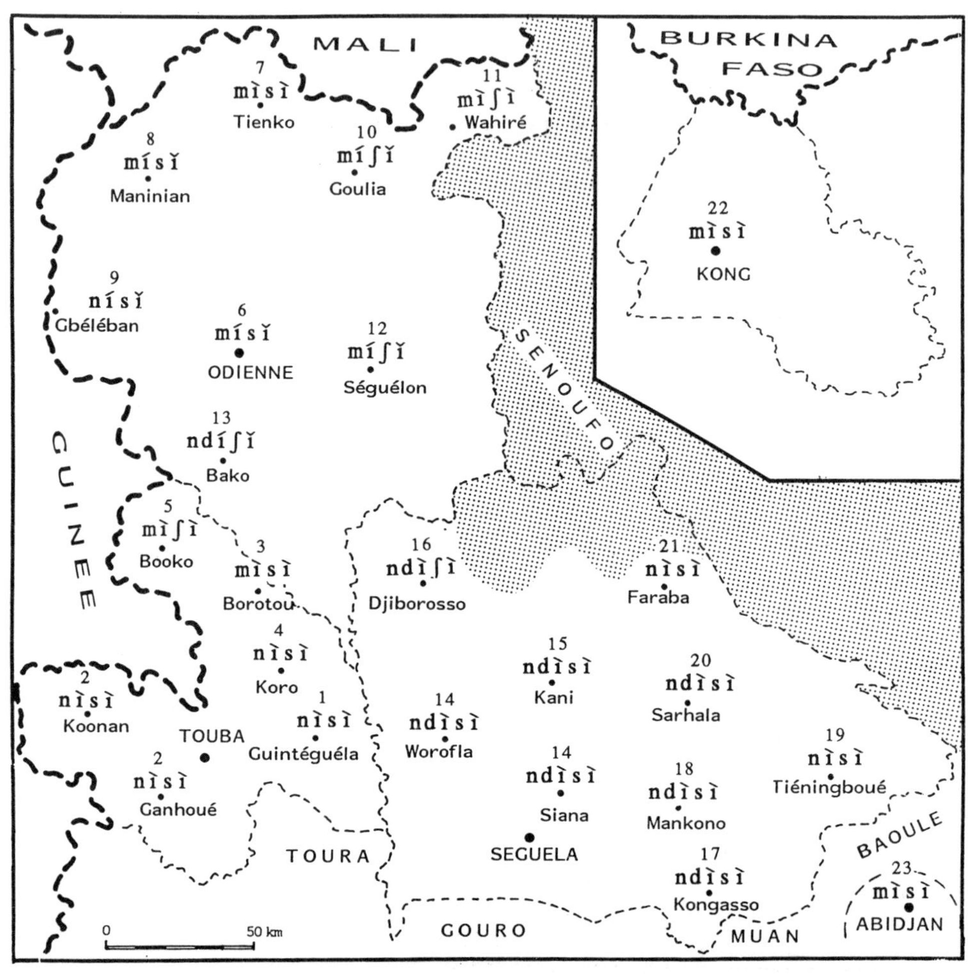

1. Tenengakan
2. Maukakan
3. Finangakan
4. Korokakan
5. Baralakakan
6. Wojenekakan
7. Bodugukakan
8. Folokakan
9. Gbelebankakan
10. Tudugukakan
11. Vandugukakan
12. Nɔwolokakan
13. Sienkokakan
14. Worodugukakan
15. Kanikakan
16. Karanjankan
17. Siakakan
18. Koyagakan
19. Korokan
20. Sagakakan
21. Nigbikan
22. Julakan de Kong
23. Julakan véhiculaire

Carte 27 – Item 105 : "POURRIR"

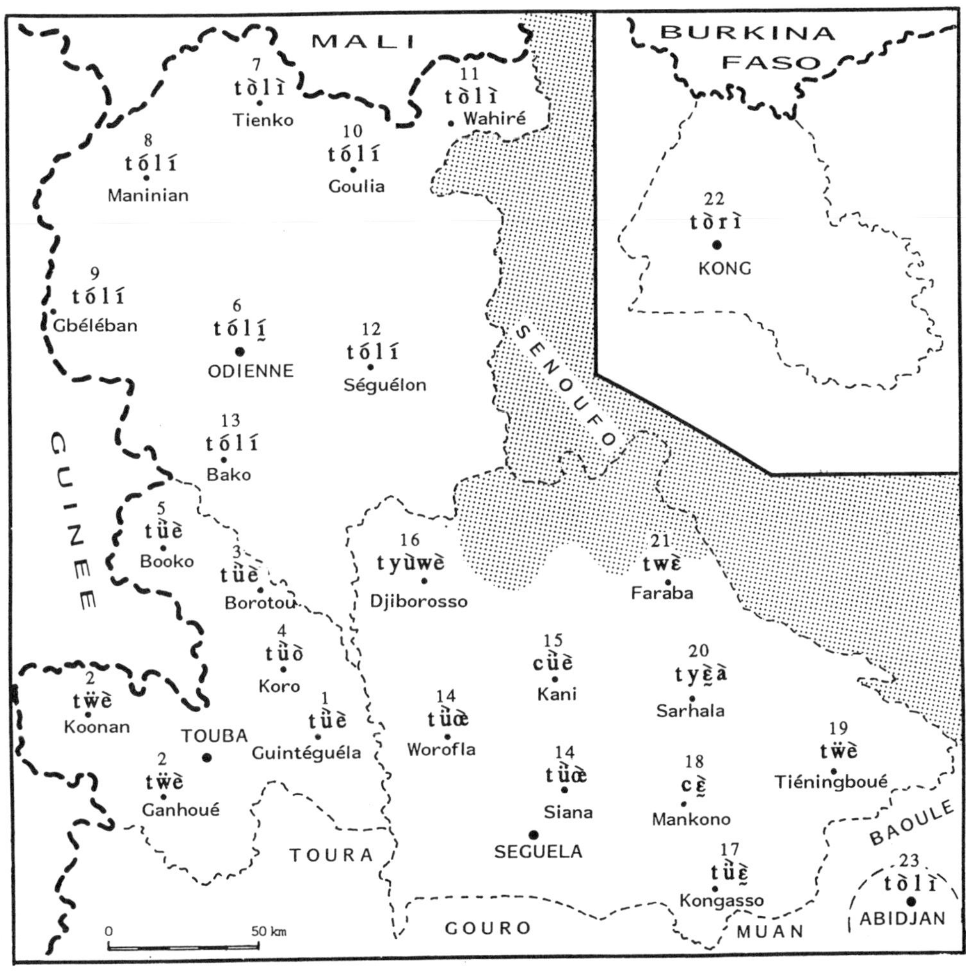

1. Tenengakan
2. Maukakan
3. Finangakan
4. Korokakan
5. Baralakakan
6. Wojenekakan
7. Bodugukakan
8. Folokakan
9. Gbelebankakan
10. Tudugukakan
11. Vandugukakan
12. Nɔwolokakan
13. Sienkokakan
14. Worodugukakan
15. Kanikakan
16. Karanjankan
17. Siakakan
18. Koyagakan
19. Korokan
20. Sagakakan
21. Nigbikan
22. Julakan de Kong
23. Julakan véhiculaire

Carte 28 – Item 55 : "CHEMIN"

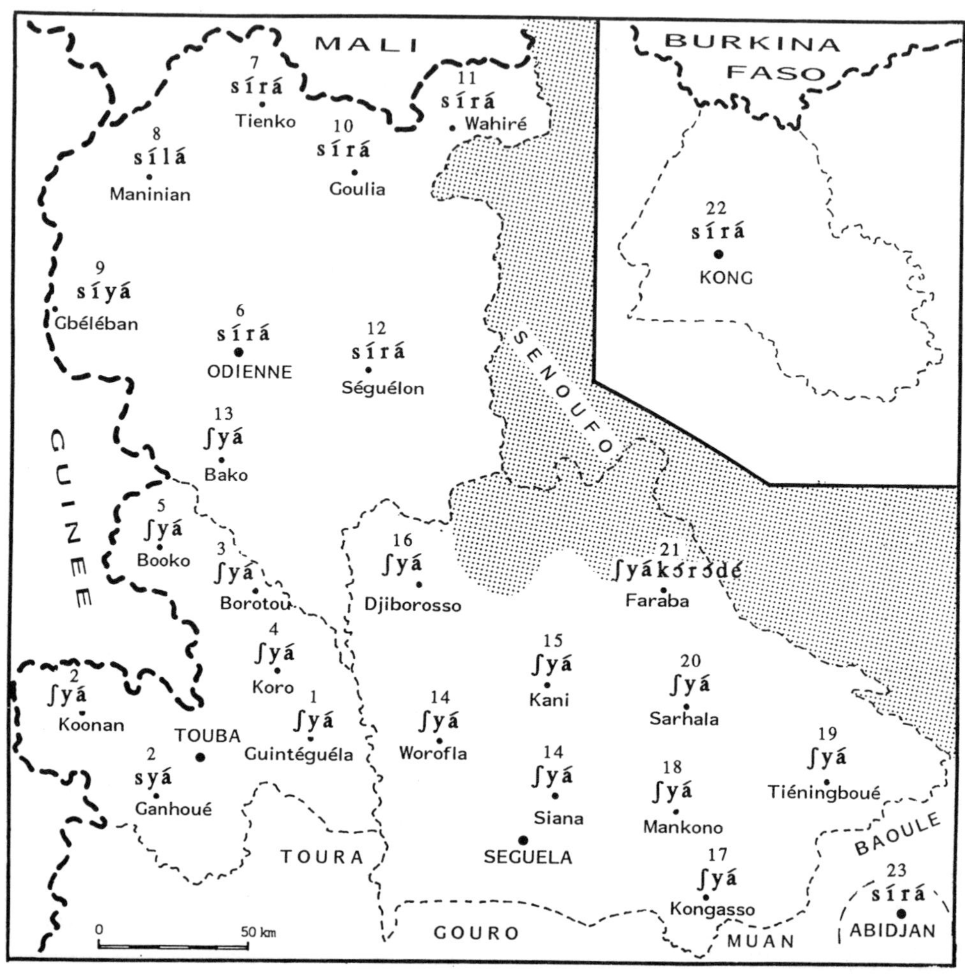

1. Tenengakan
2. Maukakan
3. Finangakan
4. Korokakan
5. Baralakakan
6. Wojenekakan
7. Bodugukakan
8. Folokakan
9. Gbelebankakan
10. Tudugukakan
11. Vandugukakan
12. Nɔwolokakan
13. Sienkokakan
14. Worodugukakan
15. Kanikakan
16. Karanjankan
17. Siakakan
18. Koyagakan
19. Korokan
20. Sagakakan
21. Nigbikan
22. Julakan de Kong
23. Julakan véhiculaire

Carte 29 – Item 80 : "CHEVAL"

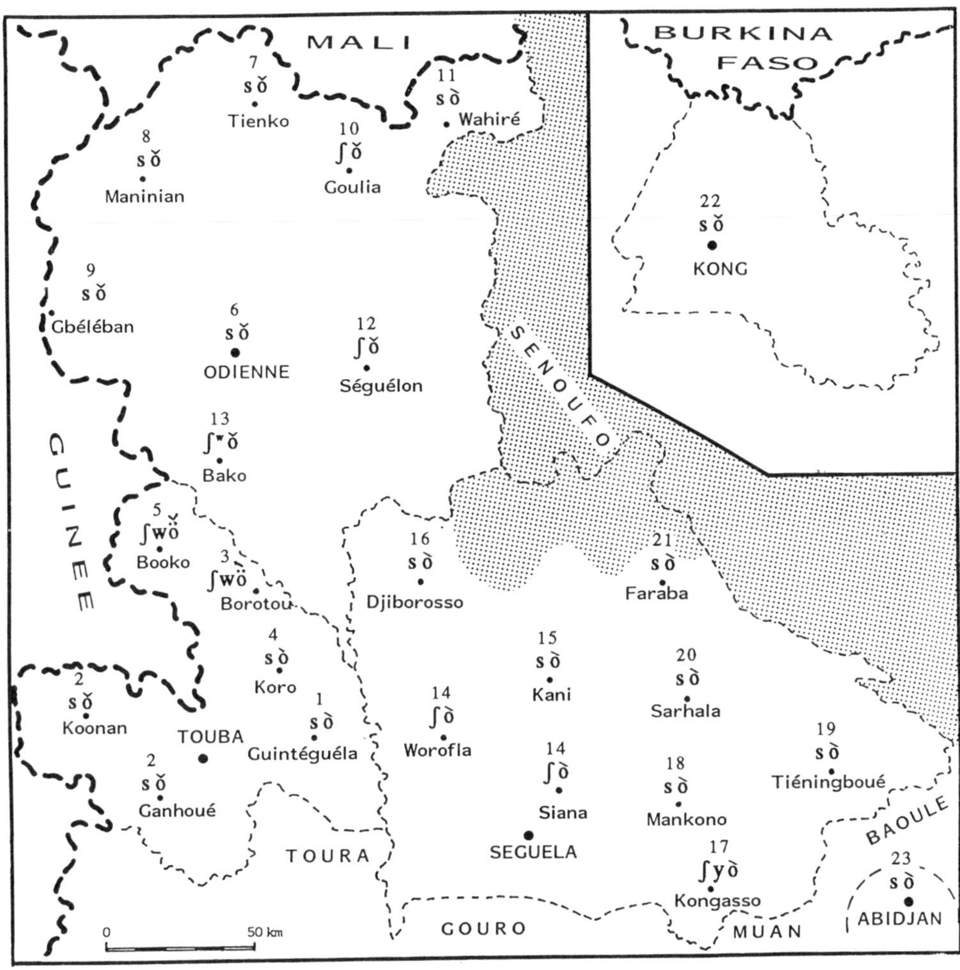

1. Tenengakan	6. Wojenekakan	11. Vandugukakan	16. Karanjankan	21. Nigbikan
2. Maukakan	7. Bodugukakan	12. Nɔwolokakan	17. Siakakan	22. Julakan de Kong
3. Finangakan	8. Folokakan	13. Sienkokakan	18. Koyagakan	23. Julakan véhiculaire
4. Korokakan	9. Gbelebankakan	14. Worodugukakan	19. Korokan	
5. Baralakakan	10. Tudugukakan	15. Kanikakan	20. Sagakakan	

Carte 30 – Item 155 : "MANGER"

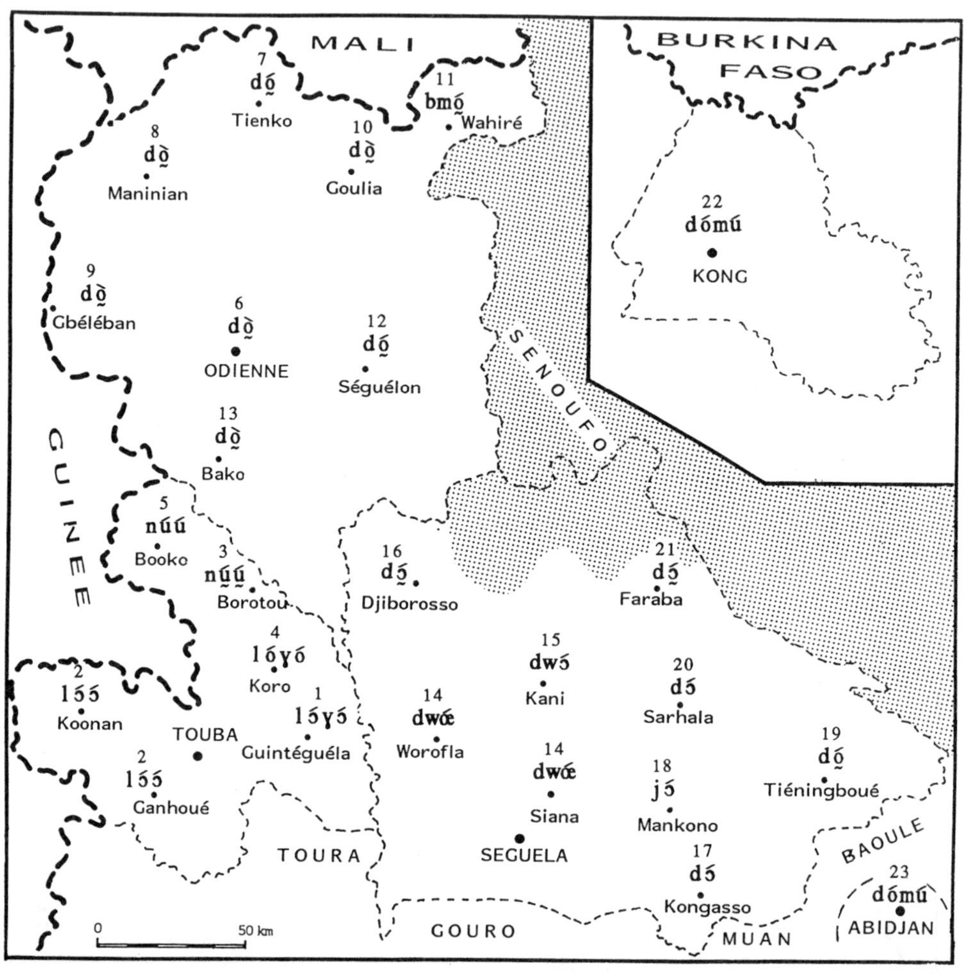

1. Tenengakan
2. Maukakan
3. Finangakan
4. Korokakan
5. Baralakakan
6. Wojenekakan
7. Bodugukakan
8. Folokakan
9. Gbelebankakan
10. Tudugukakan
11. Vandugukakan
12. Nɔwolokakan
13. Sienkokakan
14. Worodugukakan
15. Kanikakan
16. Karanjankan
17. Siakakan
18. Koyagakan
19. Korokan
20. Sagakakan
21. Nigbikan
22. Julakan de Kong
23. Julakan véhiculaire

Carte 31 – Item 64 : "TROU"

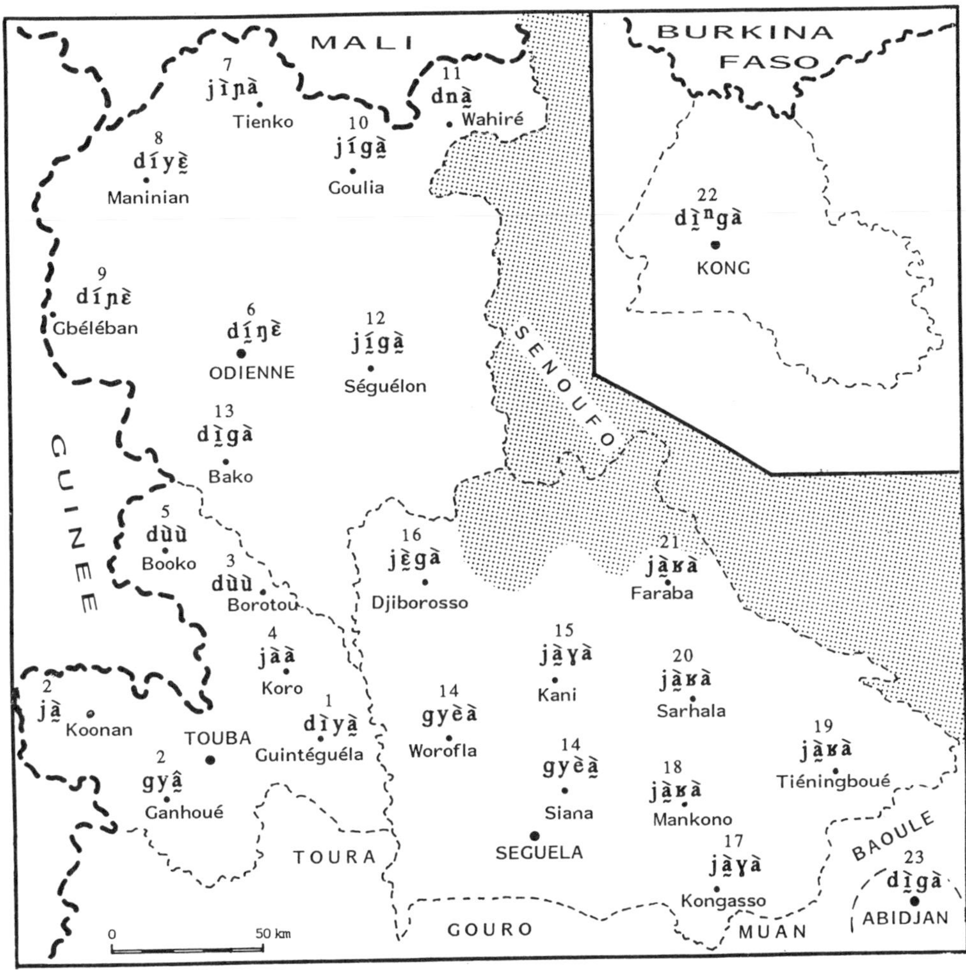

1. Tenengakan
2. Maukakan
3. Finangakan
4. Korokakan
5. Baralakakan
6. Wojenekakan
7. Bodugukakan
8. Folokakan
9. Gbelebankakan
10. Tudugukakan
11. Vandugukakan
12. Nɔwolokakan
13. Sienkokakan
14. Worodugukakan
15. Kanikakan
16. Karanjankan
17. Siakakan
18. Koyagakan
19. Korokan
20. Sagakakan
21. Nigbikan
22. Julakan de Kong
23. Julakan véhiculaire

Carte 32 – Item 67 : "CORDE"

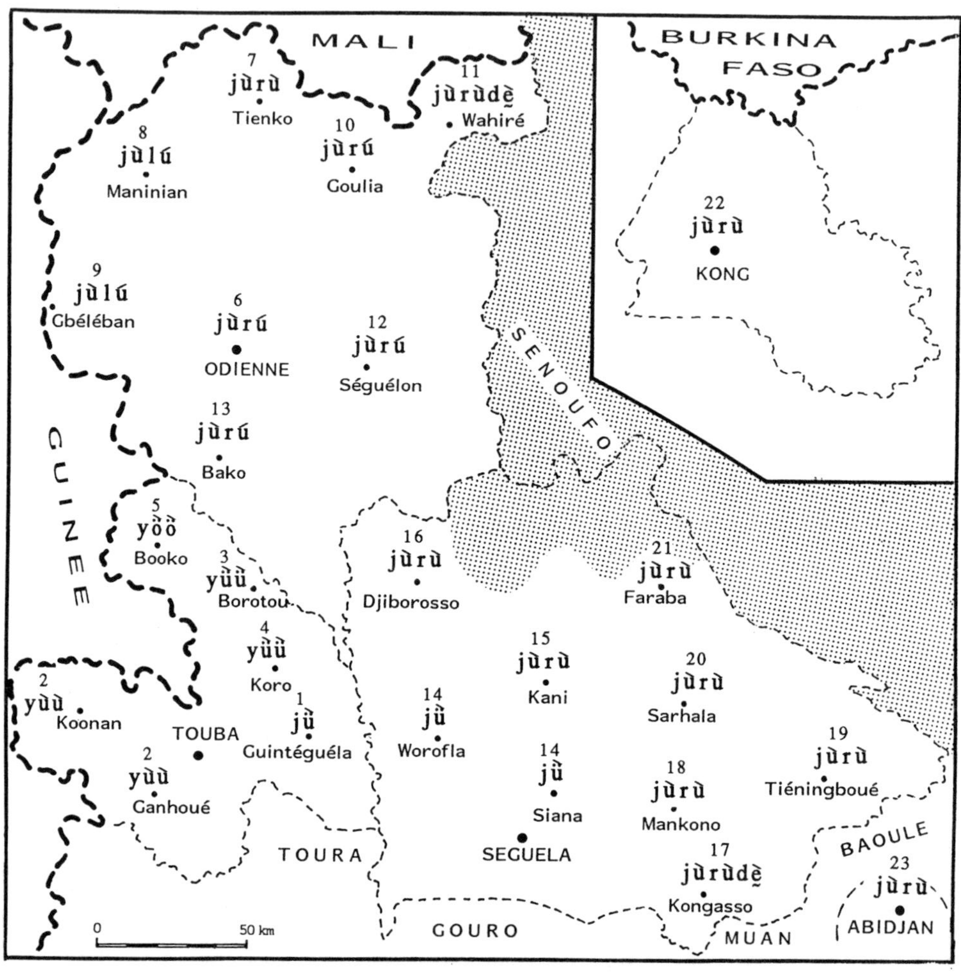

1. Tenengakan
2. Maukakan
3. Finangakan
4. Korokakan
5. Baralakakan
6. Wojenekakan
7. Bodugukakan
8. Folokakan
9. Gbelebankakan
10. Tudugukakan
11. Vandugukakan
12. Nɔwolokakan
13. Sienkokakan
14. Worodugukakan
15. Kanikakan
16. Karanjankan
17. Siakakan
18. Koyagakan
19. Korokan
20. Sagakakan
21. Nigbikan
22. Julakan de Kong
23. Julakan véhiculaire

Carte 33 – Item 79 : "POISSON"

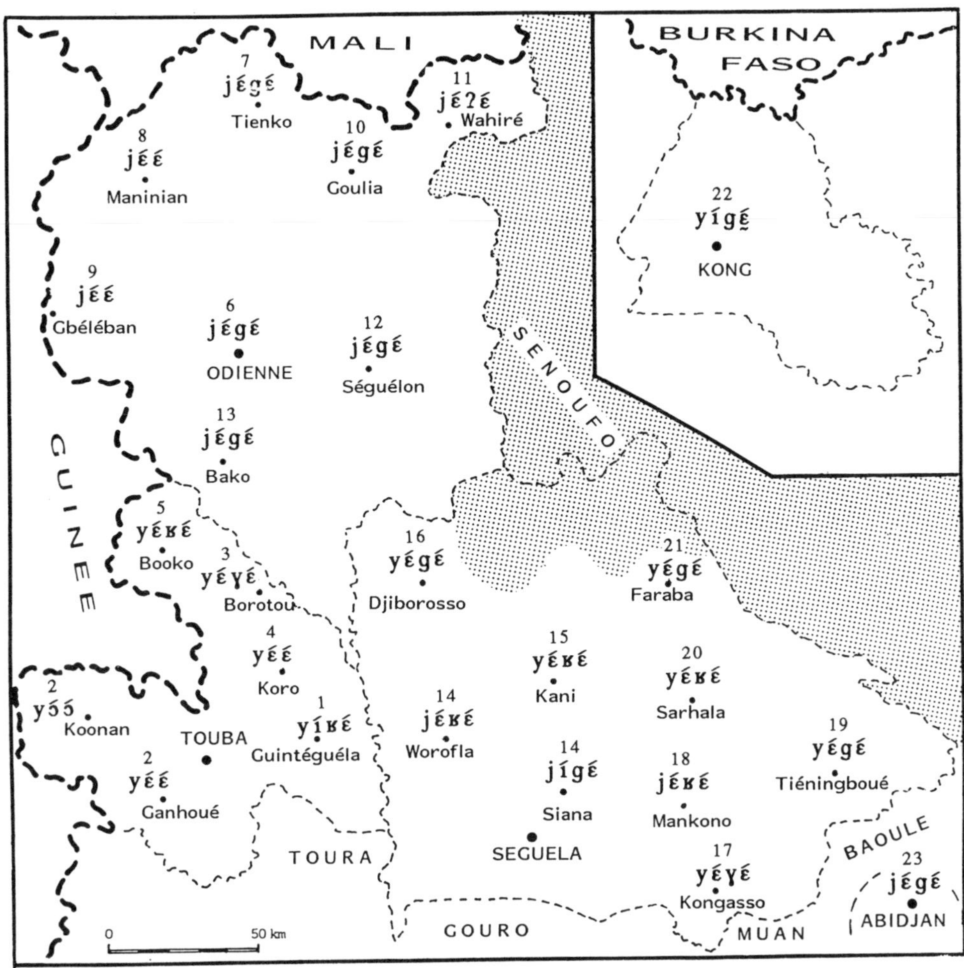

1. Tenengakan
2. Maukakan
3. Finangakan
4. Korokakan
5. Baralakakan
6. Wojenekakan
7. Bodugukakan
8. Folokakan
9. Gbelebankakan
10. Tudugukakan
11. Vandugukakan
12. Nɔwolokakan
13. Sienkokakan
14. Worodugukakan
15. Kanikakan
16. Karanjankan
17. Siakakan
18. Koyagakan
19. Korokan
20. Sagakakan
21. Nigbikan
22. Julakan de Kong
23. Julakan véhiculaire

Carte 34 – Item 23 : "AILE"

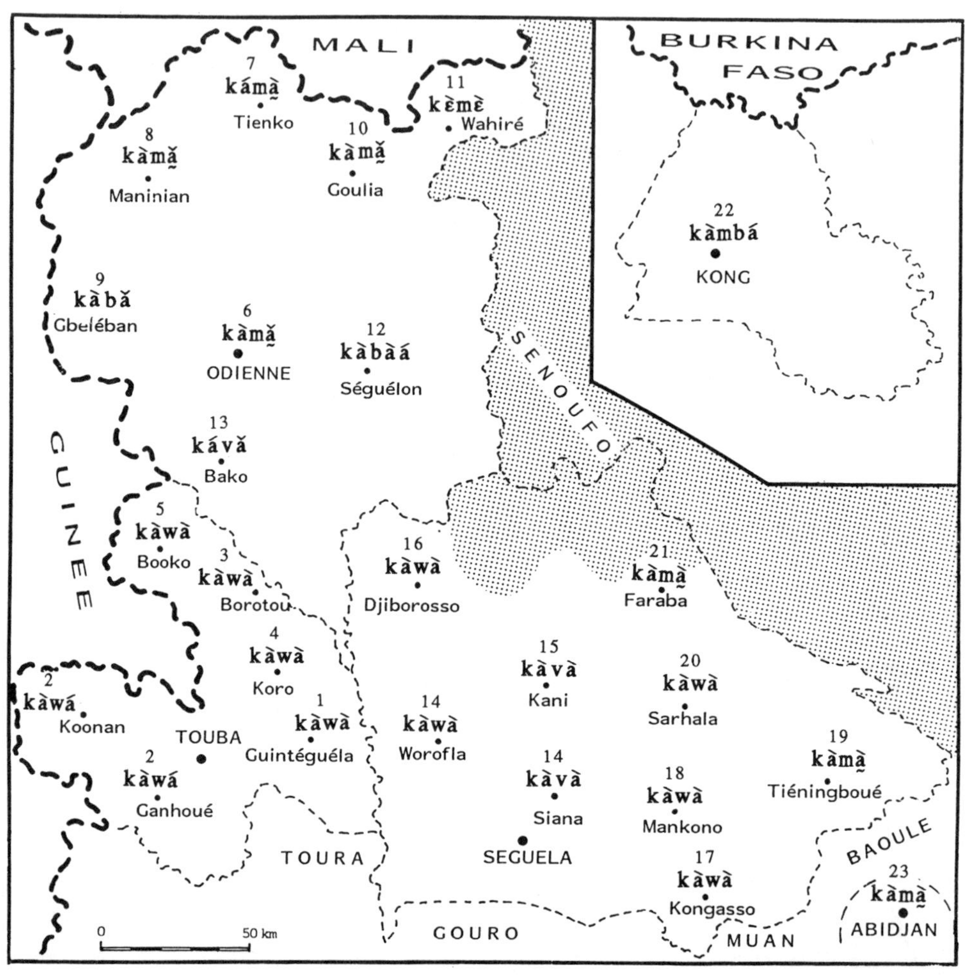

1. Tenengakan	6. Wojenekakan	11. Vandugukakan	16. Karanjankan	21. Nigbikan
2. Maukakan	7. Bodugukakan	12. Nɔwolokakan	17. Siakakan	22. Julakan de Kong
3. Finangakan	8. Folokakan	13. Sienkokakan	18. Koyagakan	23. Julakan véhiculaire
4. Korokakan	9. Gbelebankakan	14. Worodugukakan	19. Korokan	
5. Baralakakan	10. Tudugukakan	15. Kanikakan	20. Sagakakan	

Carte 35 – Item 12 : "CUISSE"

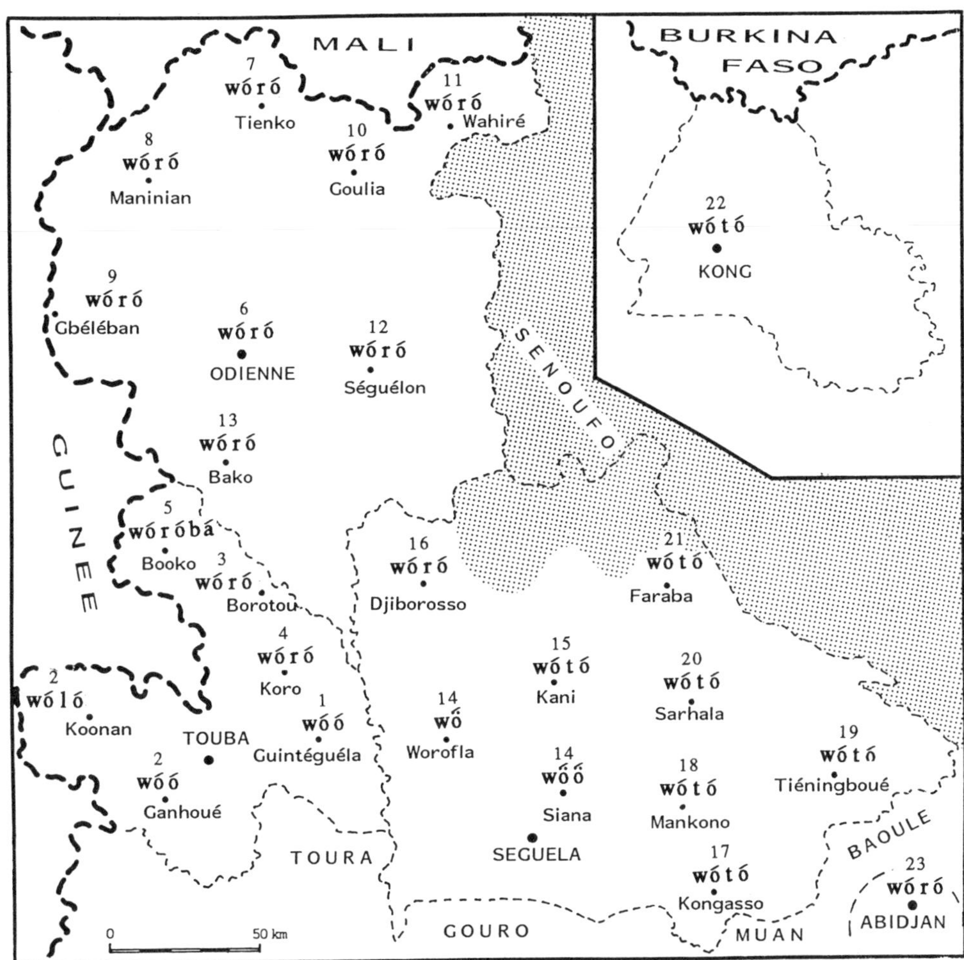

1. Tenengakan
2. Maukakan
3. Finangakan
4. Korokakan
5. Baralakakan
6. Wojenekakan
7. Bodugukakan
8. Folokakan
9. Gbelebankakan
10. Tudugukakan
11. Vandugukakan
12. Nɔwolokakan
13. Sienkokakan
14. Worodugukakan
15. Kanikakan
16. Karanjankan
17. Siakakan
18. Koyagakan
19. Korokan
20. Sagakakan
21. Nigbikan
22. Julakan de Kong
23. Julakan véhiculaire

Carte 36 – Item 154 : "BRULER"

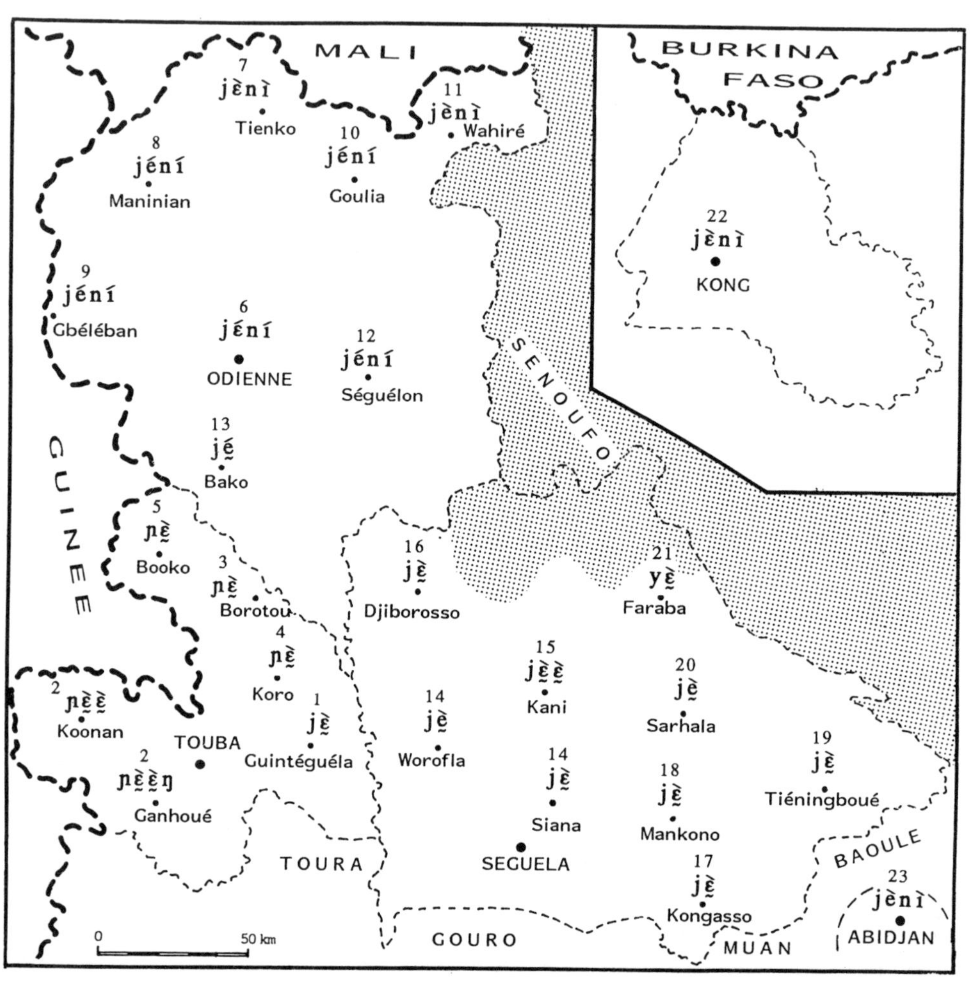

1. Tenengakan
2. Maukakan
3. Finangakan
4. Korokakan
5. Baralakakan
6. Wojenekakan
7. Bodugukakan
8. Folokakan
9. Gbelebankakan
10. Tudugukakan
11. Vandugukakan
12. Nɔwolokakan
13. Sienkokakan
14. Worodugukakan
15. Kanikakan
16. Karanjankan
17. Siakakan
18. Koyagakan
19. Korokan
20. Sagakakan
21. Nigbikan
22. Julakan de Kong
23. Julakan véhiculaire

Carte 37 – Item 66 : "COUTEAU"

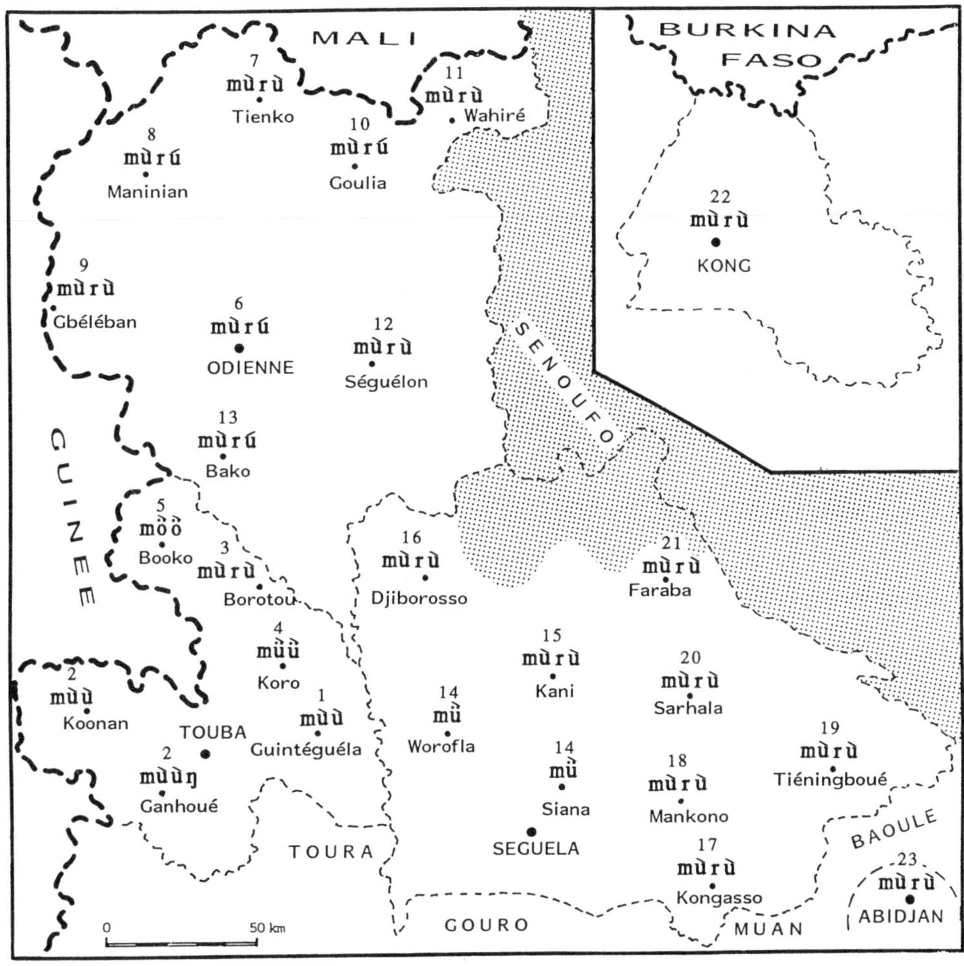

1. Tenengakan
2. Maukakan
3. Finangakan
4. Korokakan
5. Baralakakan
6. Wojenekakan
7. Bodugukakan
8. Folokakan
9. Gbelebankakan
10. Tudugukakan
11. Vandugukakan
12. Nɔwolokakan
13. Sienkokakan
14. Worodugukakan
15. Kanikakan
16. Karanjankan
17. Siakakan
18. Koyagakan
19. Korokan
20. Sagakakan
21. Nigbikan
22. Julakan de Kong
23. Julakan véhiculaire

Carte 38 – Item 91 : "HUILE"

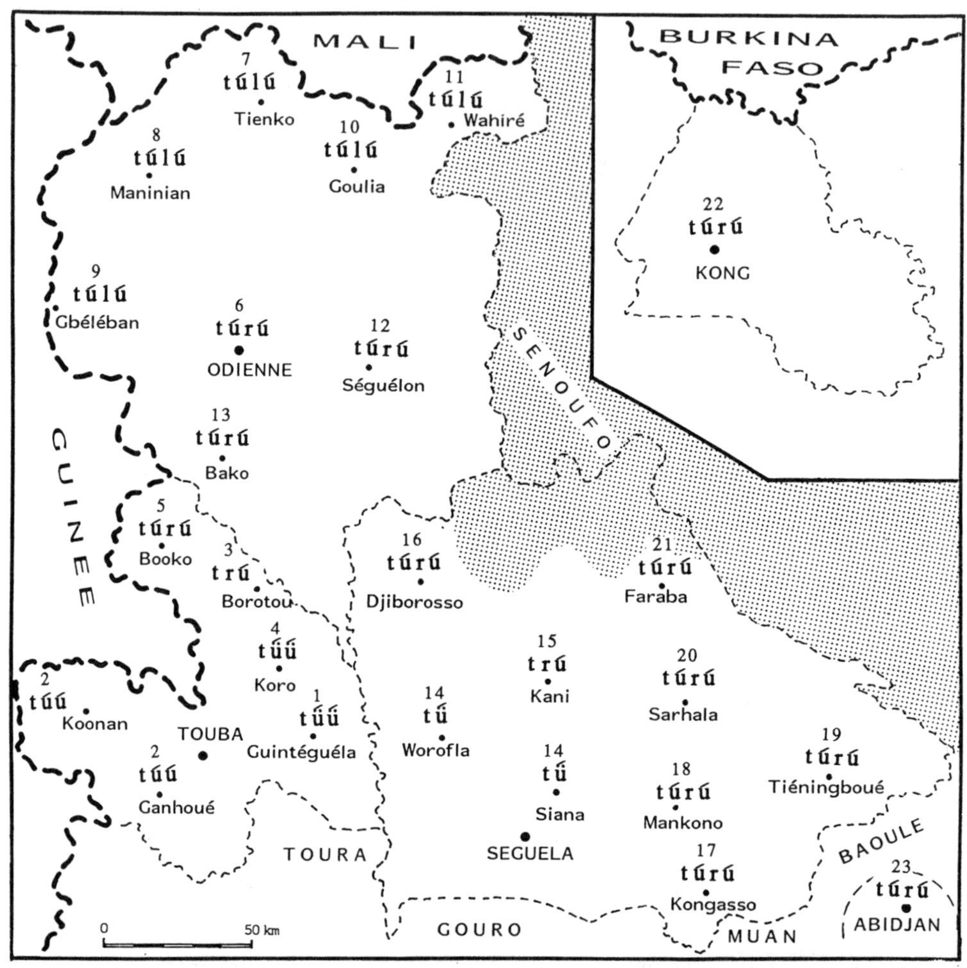

1. Tenengakan
2. Maukakan
3. Finangakan
4. Korokakan
5. Baralakakan
6. Wojenekakan
7. Bodugukakan
8. Folokakan
9. Gbelebankakan
10. Tudugukakan
11. Vandugukakan
12. Nɔwolokakan
13. Sienkokakan
14. Worodugukakan
15. Kanikakan
16. Karanjankan
17. Siakakan
18. Koyagakan
19. Korokan
20. Sagakakan
21. Nigbikan
22. Julakan de Kong
23. Julakan véhiculaire

Carte 39 – Item 41 : "LUNE"

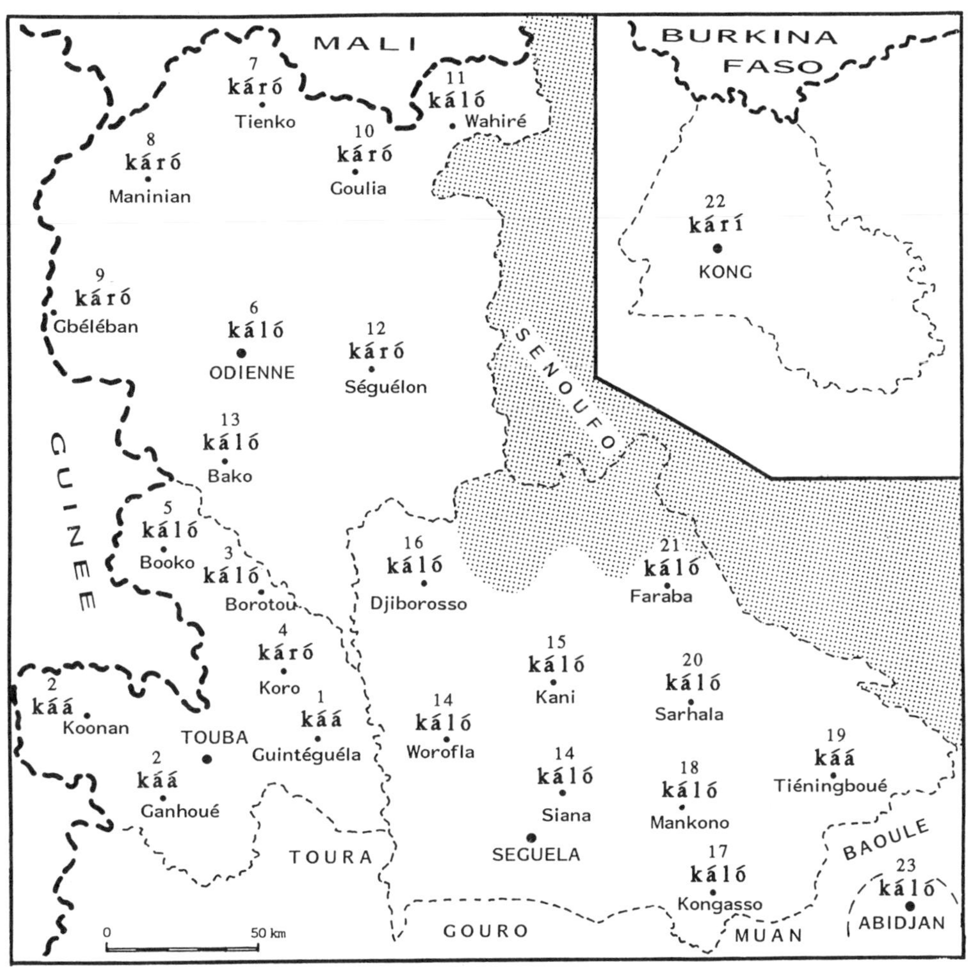

1. Tenengakan
2. Maukakan
3. Finangakan
4. Korokakan
5. Baralakakan
6. Wojenekakan
7. Bodugukakan
8. Folokakan
9. Gbelebankakan
10. Tudugukakan
11. Vandugukakan
12. Nɔwolokakan
13. Sienkokakan
14. Worodugukakan
15. Kanikakan
16. Karanjankan
17. Siakakan
18. Koyagakan
19. Korokan
20. Sagakakan
21. Nigbikan
22. Julakan de Kong
23. Julakan véhiculaire

Carte 40 – RÉPARTITION DE ɸ- (TRAIT A+)

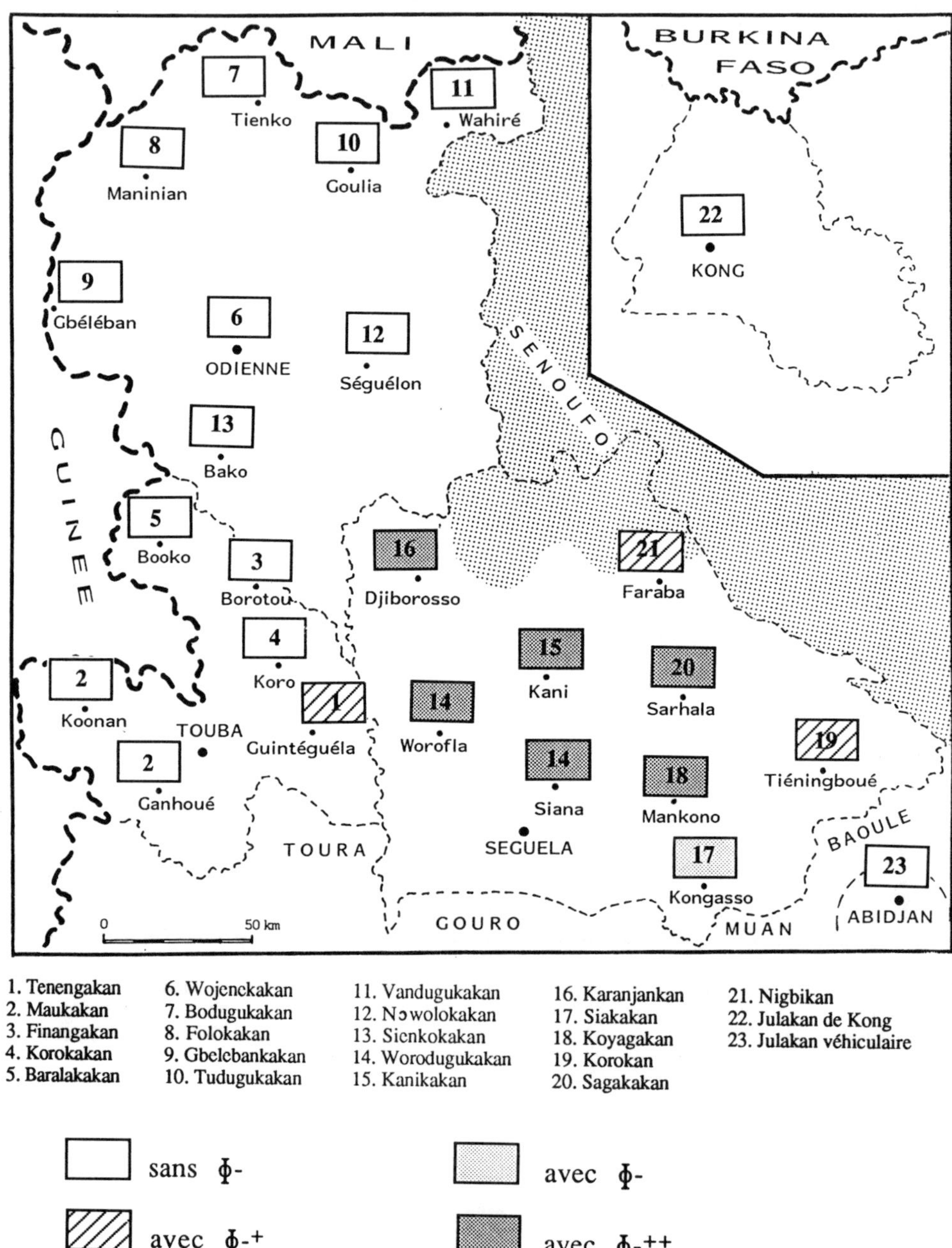

Carte 41 – RÉPARTITION DE ʃ- (TRAIT B+)

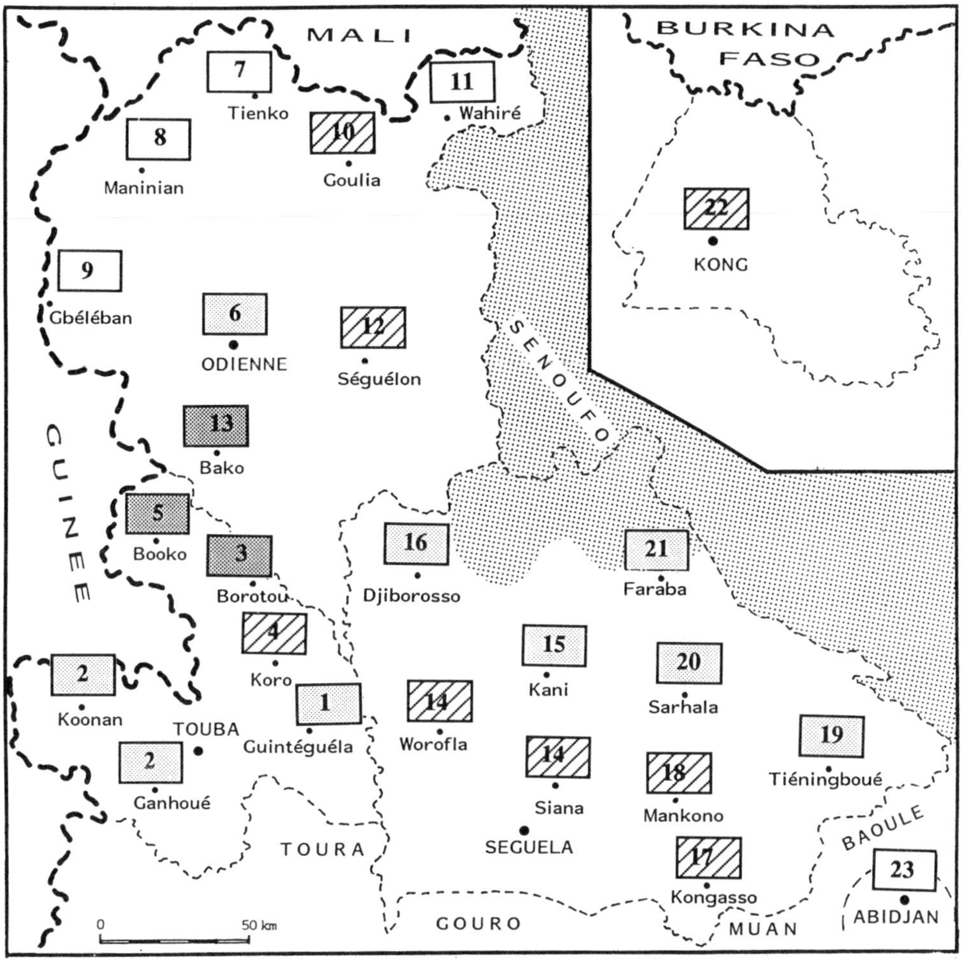

1. Tenengakan
2. Maukakan
3. Finangakan
4. Korokakan
5. Baralakakan
6. Wojenekakan
7. Bodugukakan
8. Folokakan
9. Gbelebankakan
10. Tudugukakan
11. Vandugukakan
12. Nɔwolokakan
13. Sienkokakan
14. Worodugukakan
15. Kanikakan
16. Karanjankan
17. Siakakan
18. Koyagakan
19. Korokan
20. Sagakakan
21. Nigbikan
22. Julakan de Kong
23. Julakan véhiculaire

Carte 42 – RÉPARTITION DE **y-** (TRAIT C+)

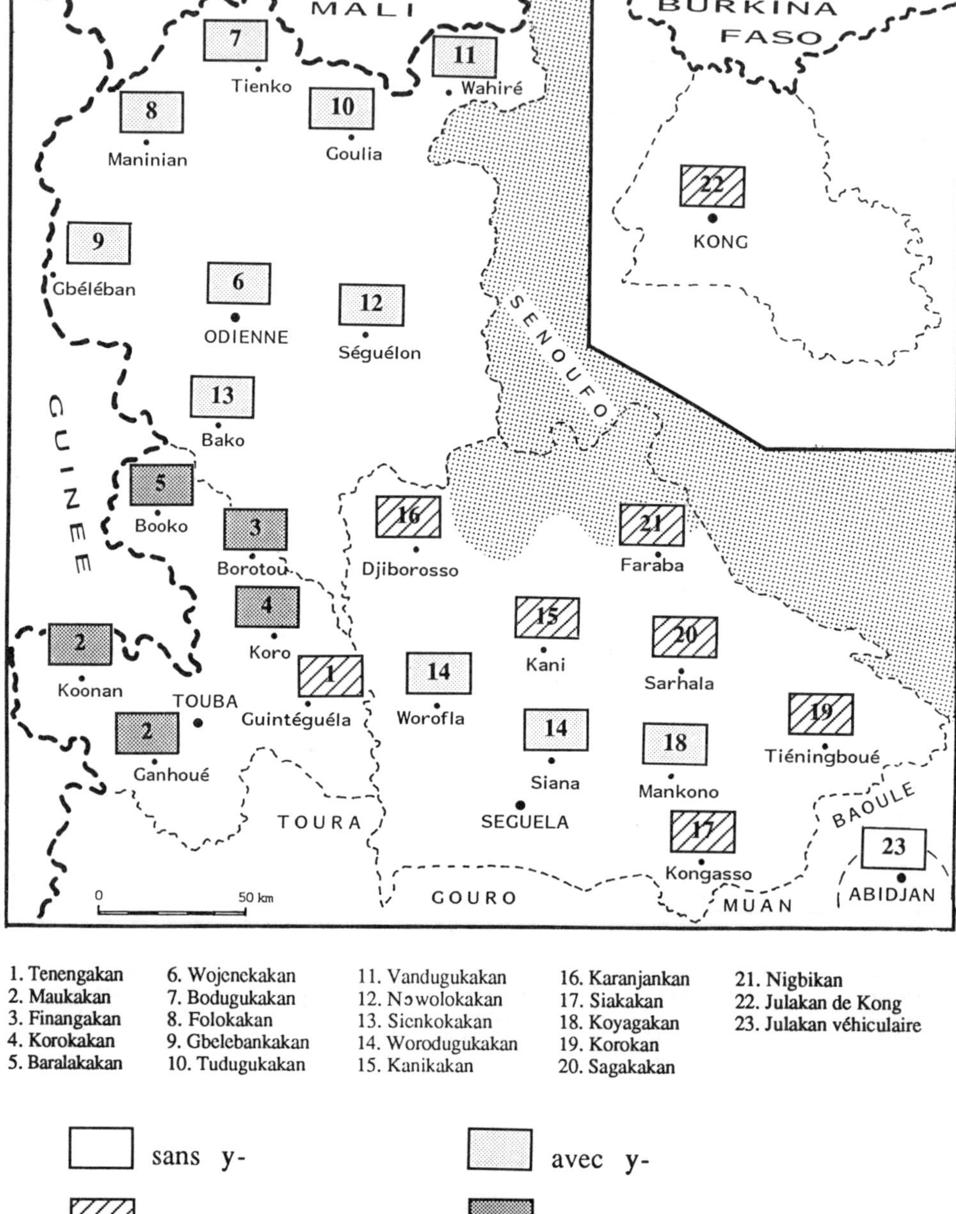

1. Tenengakan
2. Maukakan
3. Finangakan
4. Korokakan
5. Baralakakan
6. Wojenekakan
7. Bodugukakan
8. Folokakan
9. Gbelebankakan
10. Tudugukakan
11. Vandugukakan
12. Nɔwolokakan
13. Sienkokakan
14. Worodugukakan
15. Kanikakan
16. Karanjankan
17. Siakakan
18. Koyagakan
19. Korokan
20. Sagakakan
21. Nigbikan
22. Julakan de Kong
23. Julakan véhiculaire

sans y-

avec y-

avec y-+

avec y-++

Carte 43 – RÉPARTITION DE **l**- au lieu de **d**- (TRAIT D+)

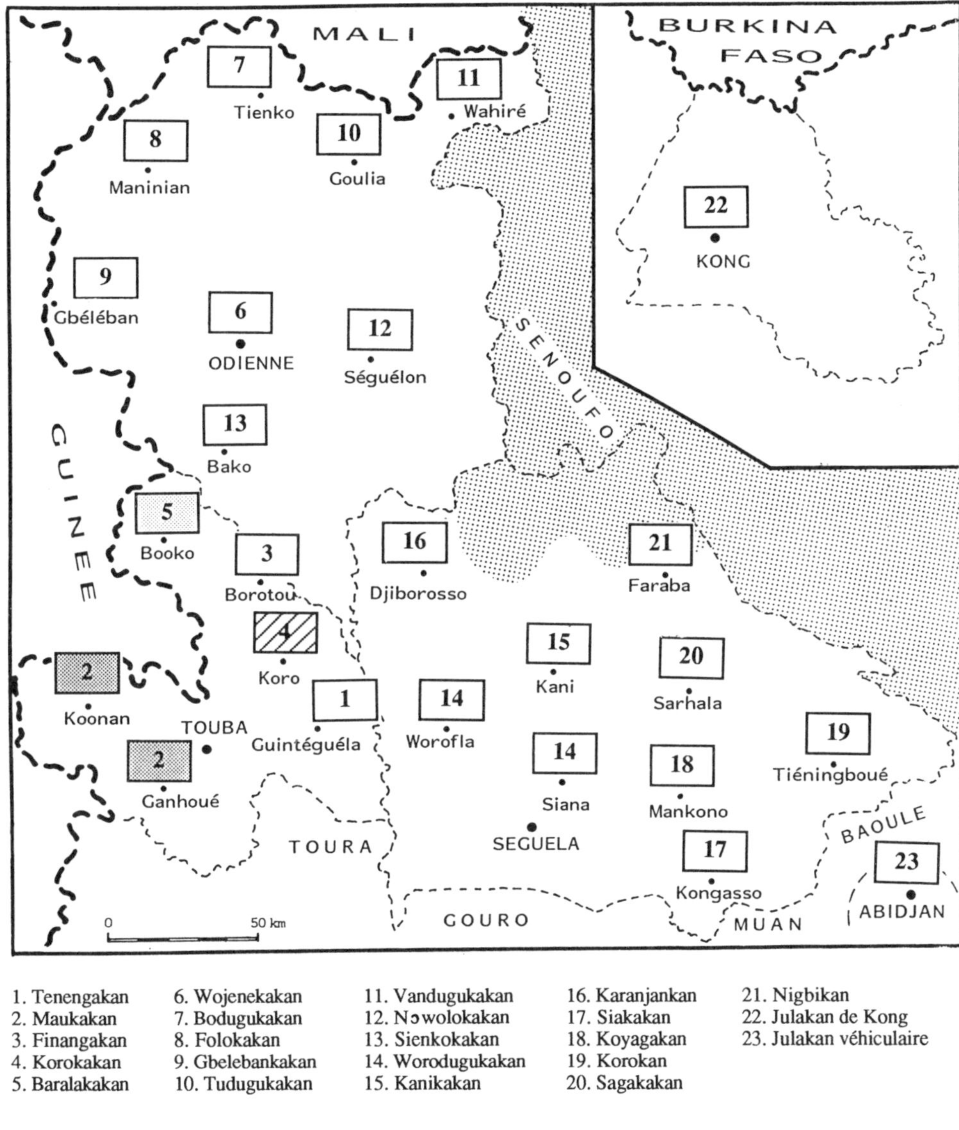

1. Tenengakan
2. Maukakan
3. Finangakan
4. Korokakan
5. Baralakakan
6. Wojenekakan
7. Bodugukakan
8. Folokakan
9. Gbelebankakan
10. Tudugukakan
11. Vandugukakan
12. Nɔwolokakan
13. Sienkokakan
14. Worodugukakan
15. Kanikakan
16. Karanjankan
17. Siakakan
18. Koyagakan
19. Korokan
20. Sagakakan
21. Nigbikan
22. Julakan de Kong
23. Julakan véhiculaire

sans l-

avec l-

avec l-+

avec l-++

Carte 44 – RÉPARTITION DE **gb-** au lieu de **b-** (TRAIT E+)

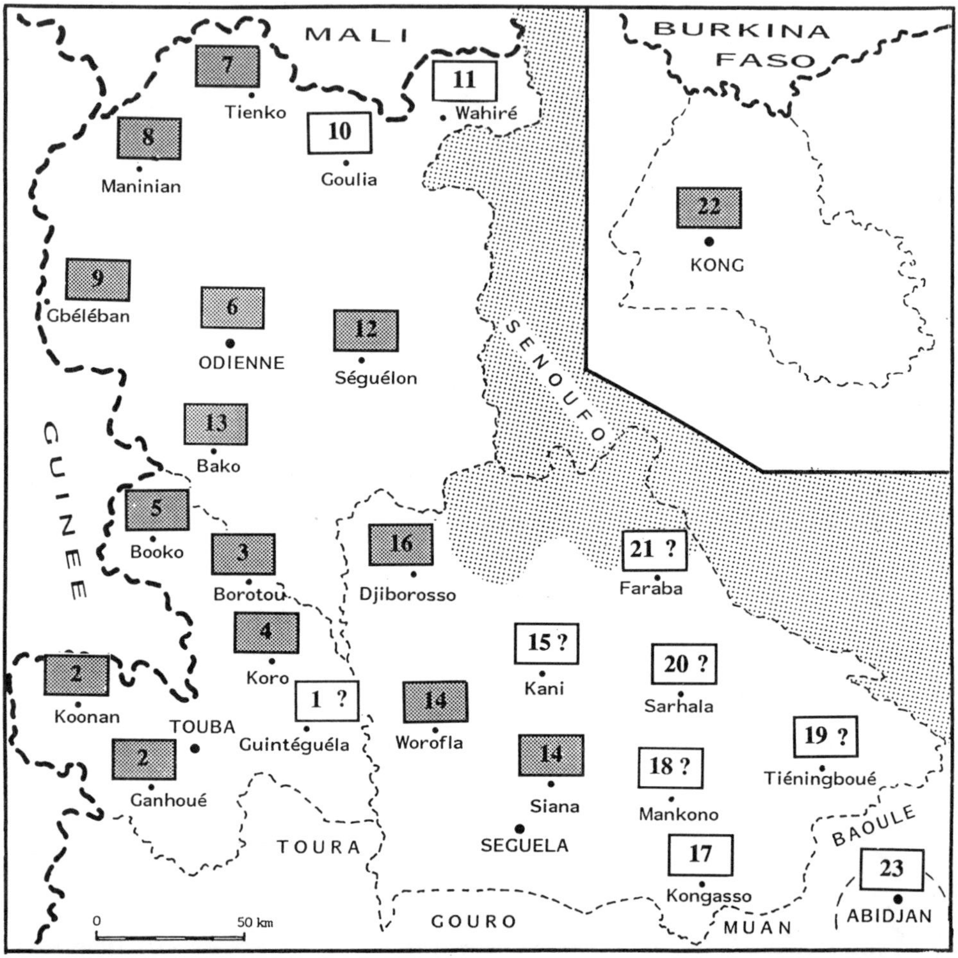

1. Tenengakan
2. Maukakan
3. Finangakan
4. Korokakan
5. Baralakakan
6. Wojenekakan
7. Bodugukakan
8. Folokakan
9. Gbelebankakan
10. Tudugukakan
11. Vandugukakan
12. Nɔwolokakan
13. Sienkokakan
14. Worodugukakan
15. Kanikakan
16. Karanjankan
17. Siakakan
18. Koyagakan
19. Korokan
20. Sagakakan
21. Nigbikan
22. Julakan de Kong
23. Julakan véhiculaire

 sans gb-

gb- ?

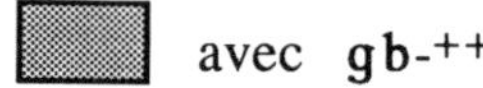 avec gb-++

Carte 45 – RÉPARTITION DE **-w-/-v-** au lieu de **-b-** (TRAIT F+)

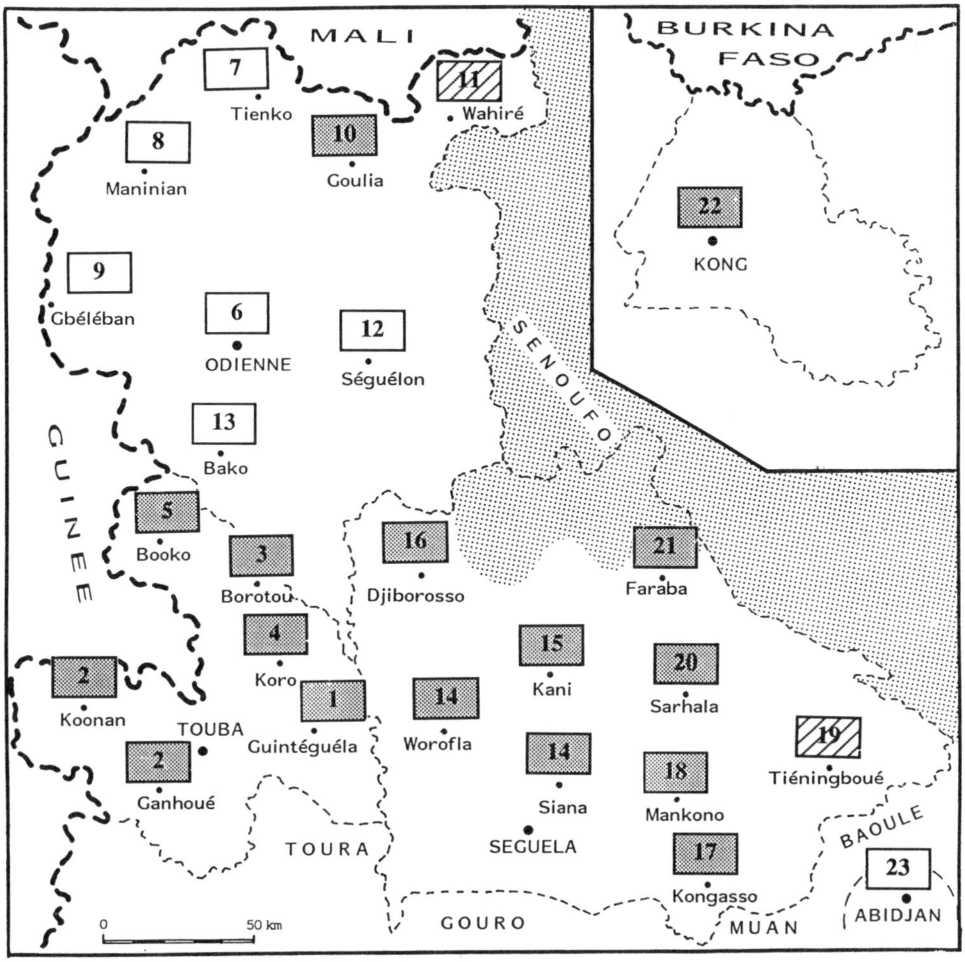

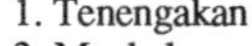

1. Tenengakan
2. Maukakan
3. Finangakan
4. Korokakan
5. Baralakakan
6. Wojenekakan
7. Bodugukakan
8. Folokakan
9. Gbelebankakan
10. Tudugukakan
11. Vandugukakan
12. Nɔwolokakan
13. Sienkokakan
14. Worodugukakan
15. Kanikakan
16. Karanjankan
17. Siakakan
18. Koyagakan
19. Korokan
20. Sagakakan
21. Nigbikan
22. Julakan de Kong
23. Julakan véhiculaire

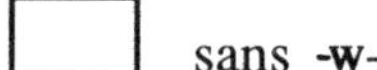 sans **-w-**

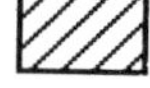 avec **-w-**+

 avec **-w-**++

Carte 46 – RÉPARTITION DE **-mb-** au lieu de **-b-** (TRAIT G+)

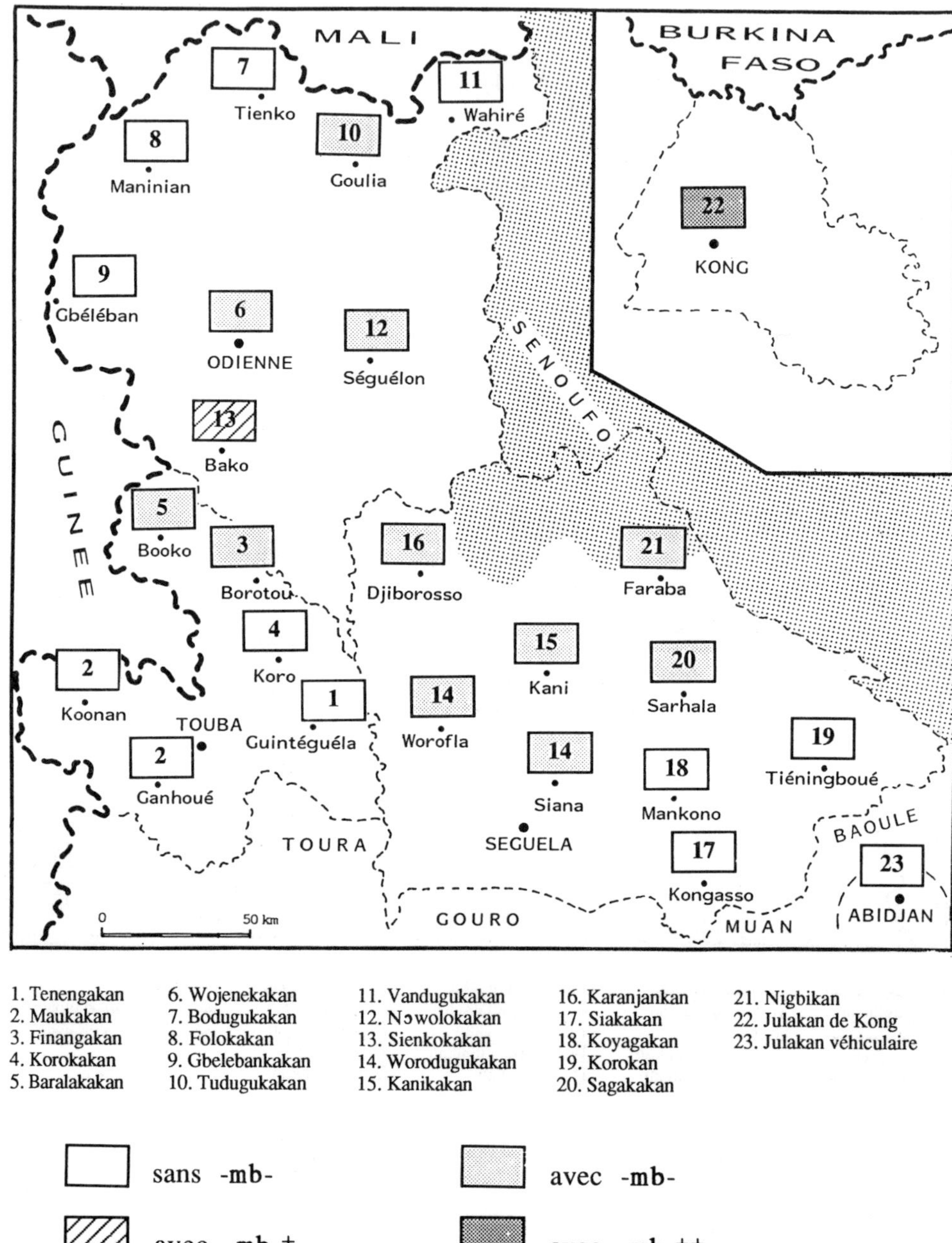

Carte 47 – RÉPARTITION DE $CV_1\mathbf{l}V_1$ au lieu de $CV_1\mathbf{r}V_1$ (TRAIT H+)

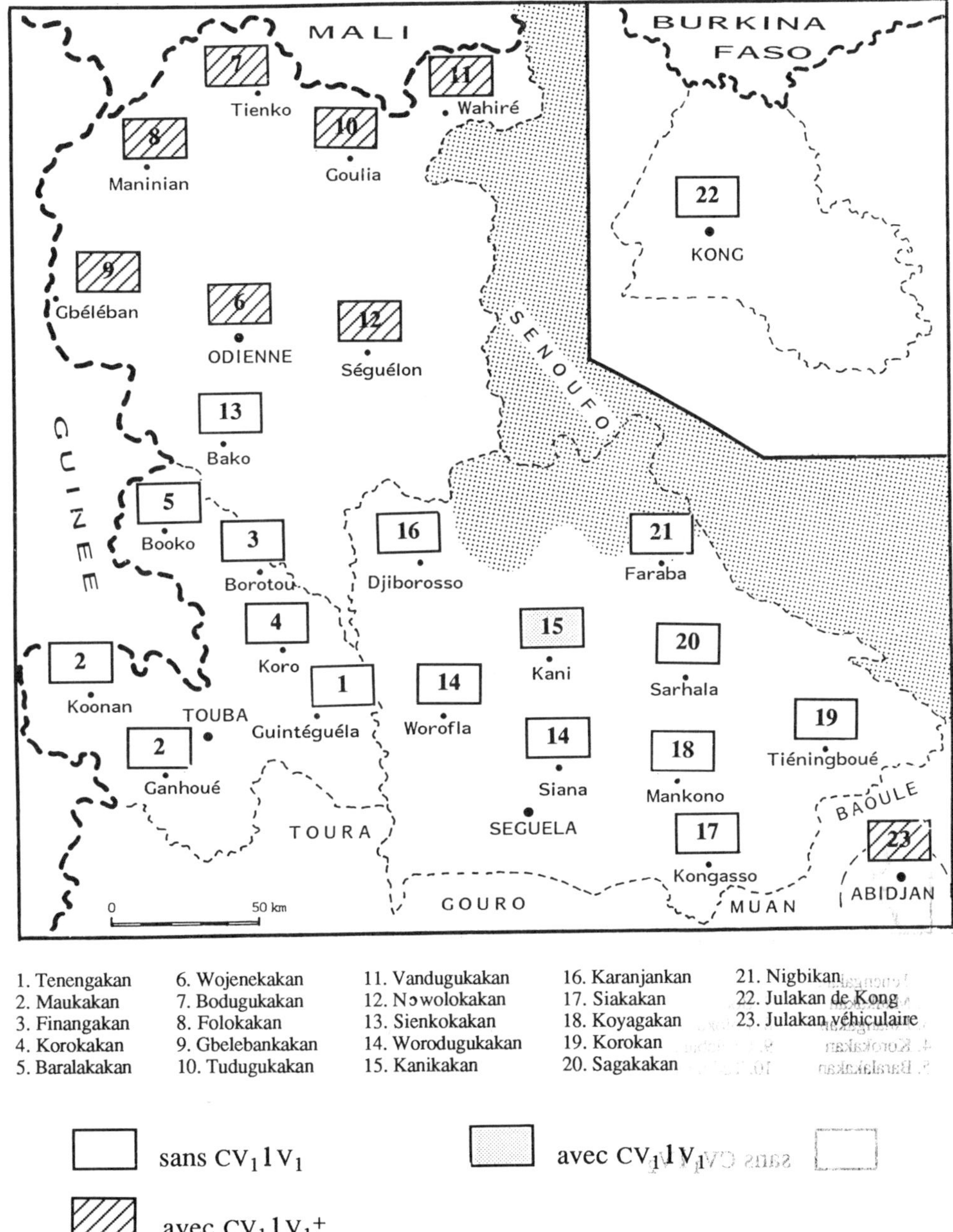

Carte 48 – RÉPARTITION DE $CV_1\mathbf{l}V_2$ au lieu de $CV_1\mathbf{r}V_2$ (TRAIT I+)

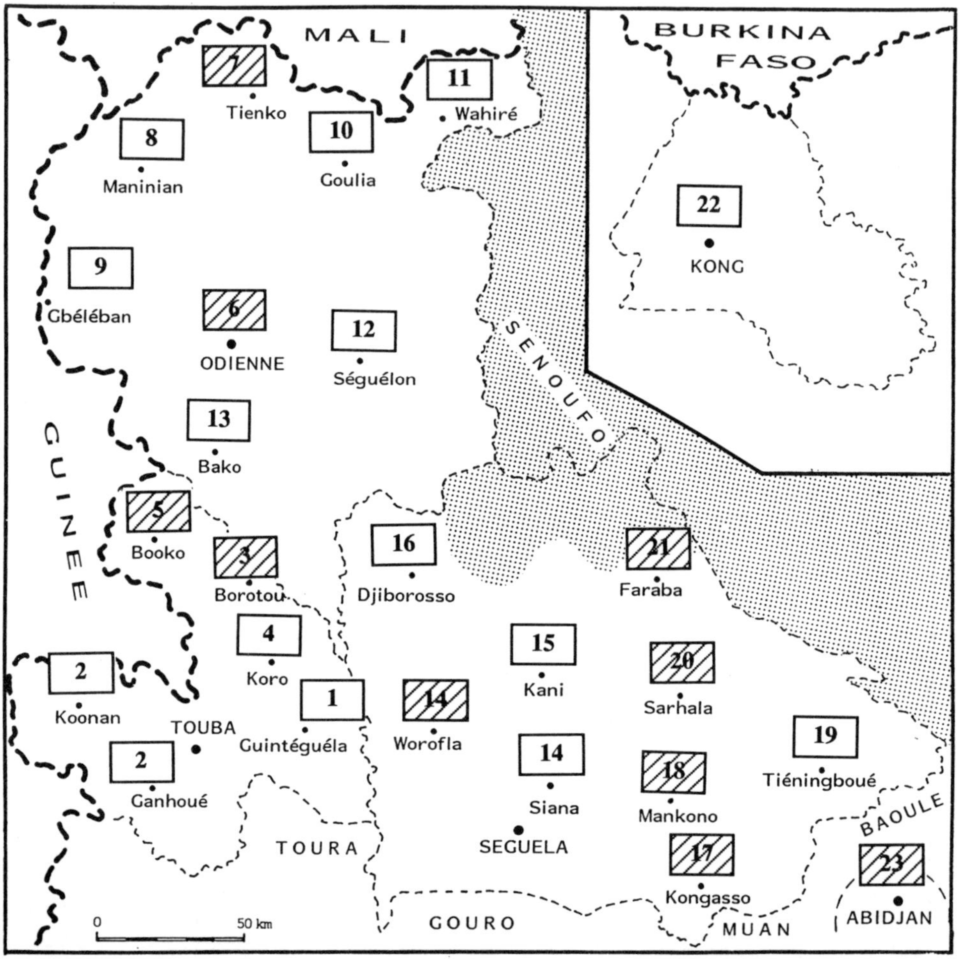

1. Tenengakan
2. Maukakan
3. Finangakan
4. Korokakan
5. Baralakakan
6. Wojenekakan
7. Bodugukakan
8. Folokakan
9. Gbelebankakan
10. Tudugukakan
11. Vandugukakan
12. Nɔwolokakan
13. Sienkokakan
14. Worodugukakan
15. Kanikakan
16. Karanjankan
17. Siakakan
18. Koyagakan
19. Korokan
20. Sagakakan
21. Nigbikan
22. Julakan de Kong
23. Julakan véhiculaire

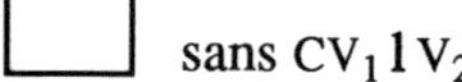
sans CV_1lV_2

avec $CV_1lV_2^+$

Carte 49 – RÉPARTITION DE **-n-** au lieu de **-r-** (TRAIT J+)

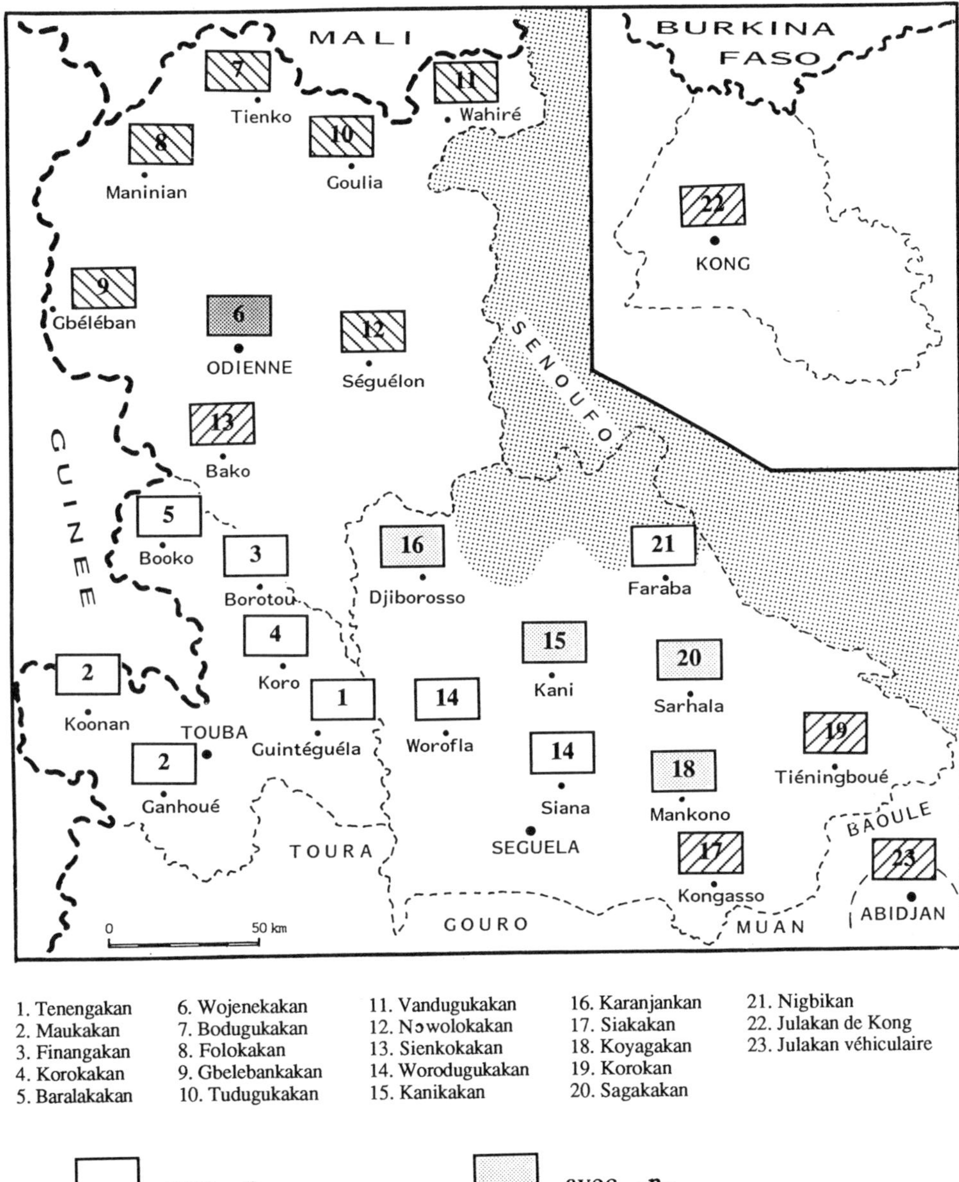

sans -n-

avec -n-

avec -n-$^{+}$

avec -n-$^{++}$

Carte 50 – RÉPARTITION DE **-t-** au lieu de **-r-** (TRAIT K+)

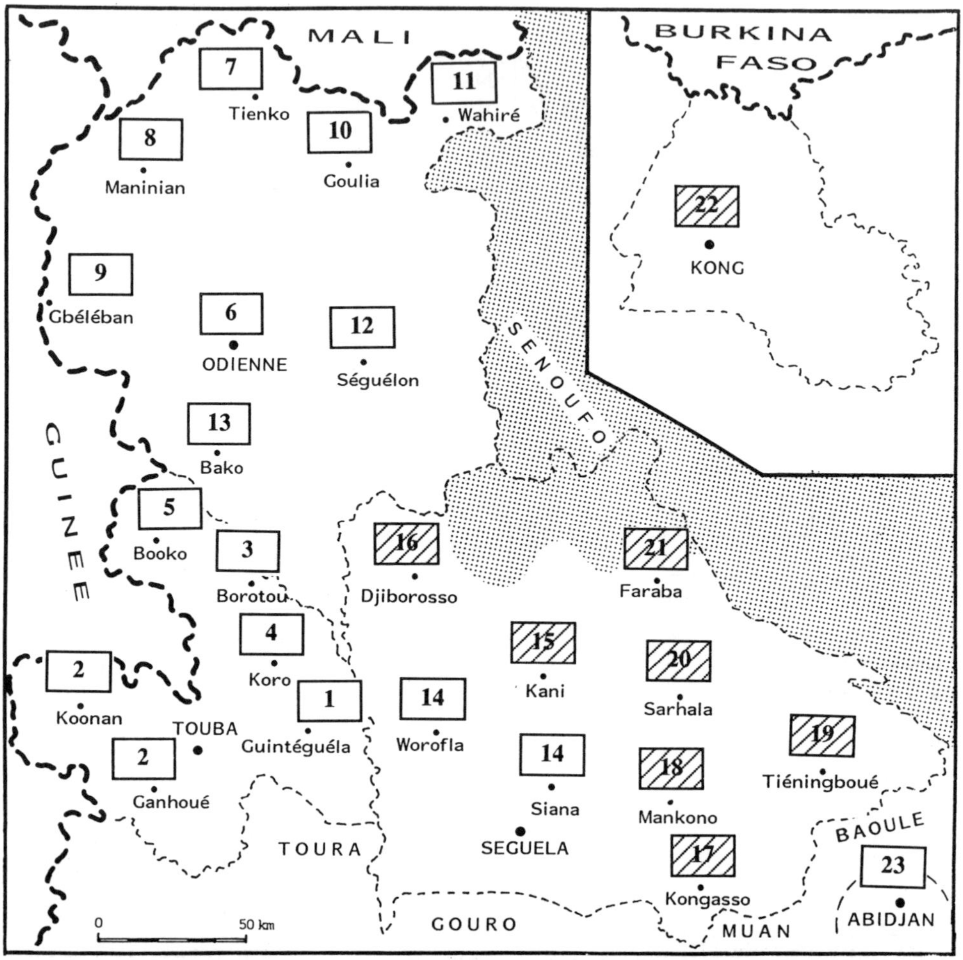

MALI
BURKINA FASO
GUINEE
SENOUFO
BAOULE
TOURA
GOURO
MUAN
7 Tienko
11 Wahiré
8 Maninian
10 Goulia
22 KONG
9 Gbéléban
6 ODIENNE
12 Séguélon
13 Bako
5 Booko
3 Borotou
16 Djiborosso
21 Faraba
4 Koro
15 Kani
20 Sarhala
2 Koonan
TOUBA
1 Guintéguéla
14 Worofla
14 Siana
18 Mankono
19 Tiéningboué
2 Ganhoué
SEGUELA
17 Kongasso
23 ABIDJAN
0 50 km

1. Tenengakan
2. Maukakan
3. Finangakan
4. Korokakan
5. Baralakakan
6. Wojenekakan
7. Bodugukakan
8. Folokakan
9. Gbelebankakan
10. Tudugukakan
11. Vandugukakan
12. Nɔwolokakan
13. Sienkokakan
14. Worodugukakan
15. Kanikakan
16. Karanjankan
17. Siakakan
18. Koyagakan
19. Korokan
20. Sagakakan
21. Nigbikan
22. Julakan de Kong
23. Julakan véhiculaire

sans -t-

avec -t-

Carte 51 – RÉPARTITION DE **-ɾ-** (TRAIT L+)

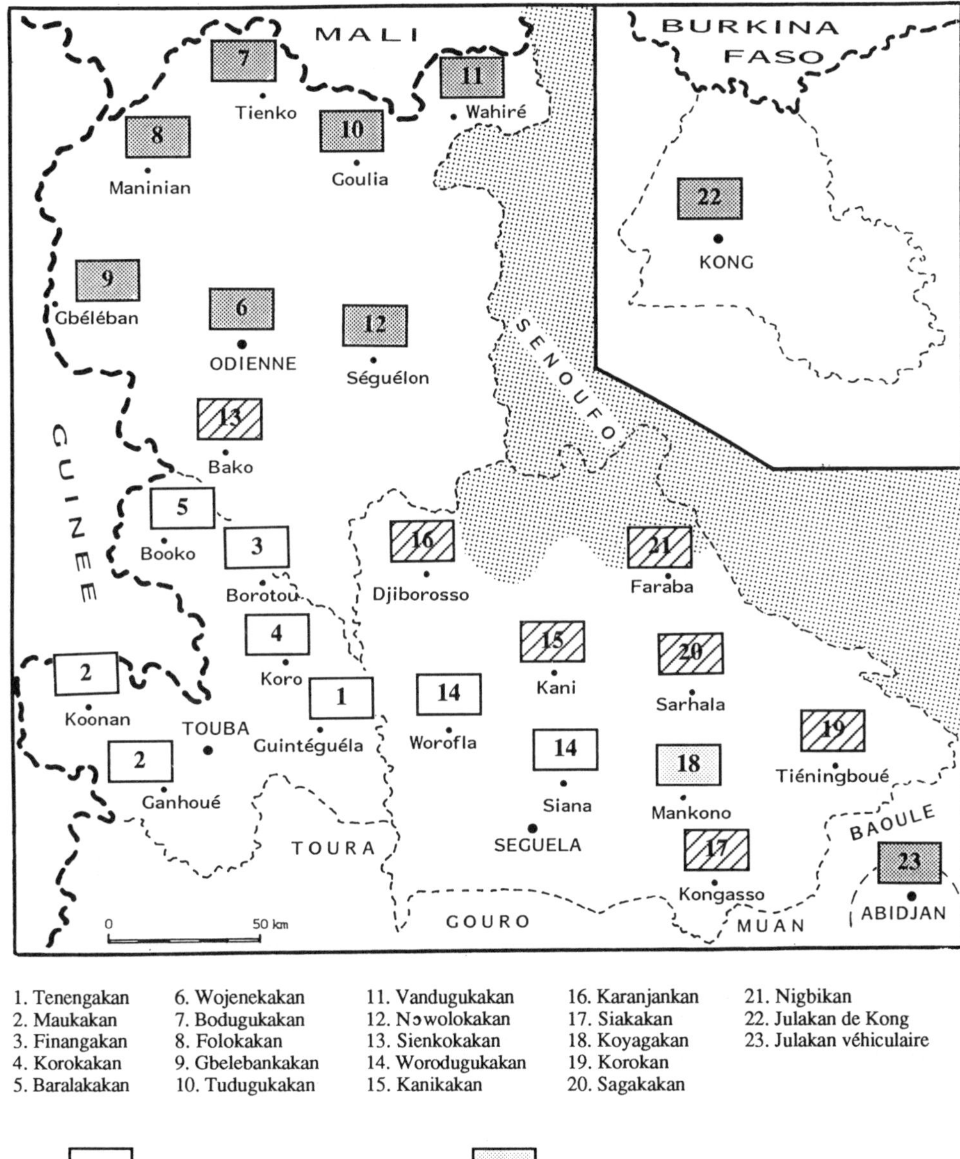

1. Tenengakan
2. Maukakan
3. Finangakan
4. Korokakan
5. Baralakakan
6. Wojenekakan
7. Bodugukakan
8. Folokakan
9. Gbelebankakan
10. Tudugukakan
11. Vandugukakan
12. Nɔwolokakan
13. Sienkokakan
14. Worodugukakan
15. Kanikakan
16. Karanjankan
17. Siakakan
18. Koyagakan
19. Korokan
20. Sagakakan
21. Nigbikan
22. Julakan de Kong
23. Julakan véhiculaire

sans -ɾ-

avec -ɾ-

avec -ɾ-$^{+}$

avec -ɾ-$^{++}$

Carte 52 – RÉPARTITION DE **-n-** (TRAIT M+)

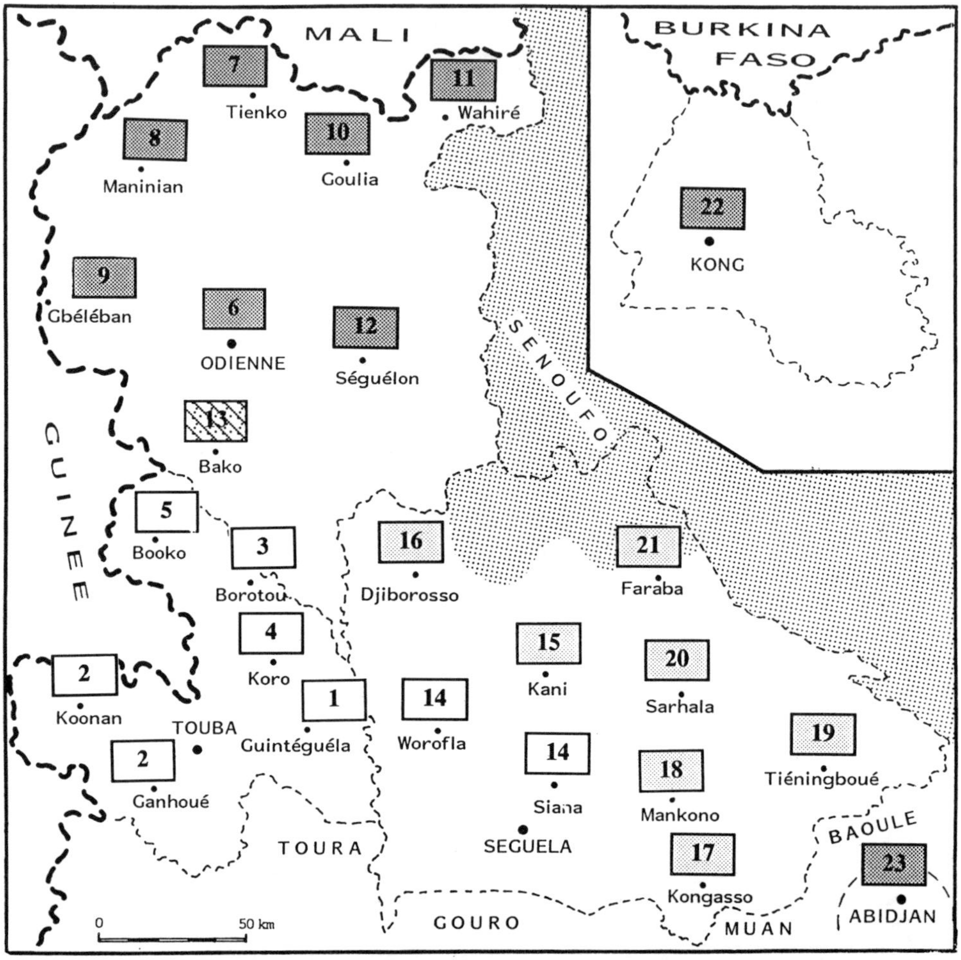

1. Tenengakan
2. Maukakan
3. Finangakan
4. Korokakan
5. Baralakakan
6. Wojenekakan
7. Bodugukakan
8. Folokakan
9. Gbelebankakan
10. Tudugukakan
11. Vandugukakan
12. Nɔwolokakan
13. Sienkokakan
14. Worodugukakan
15. Kanikakan
16. Karanjankan
17. Siakakan
18. Koyagakan
19. Korokan
20. Sagakakan
21. Nigbikan
22. Julakan de Kong
23. Julakan véhiculaire

Carte 53 – RÉPARTITION DE **-g-** (TRAIT N^{+})

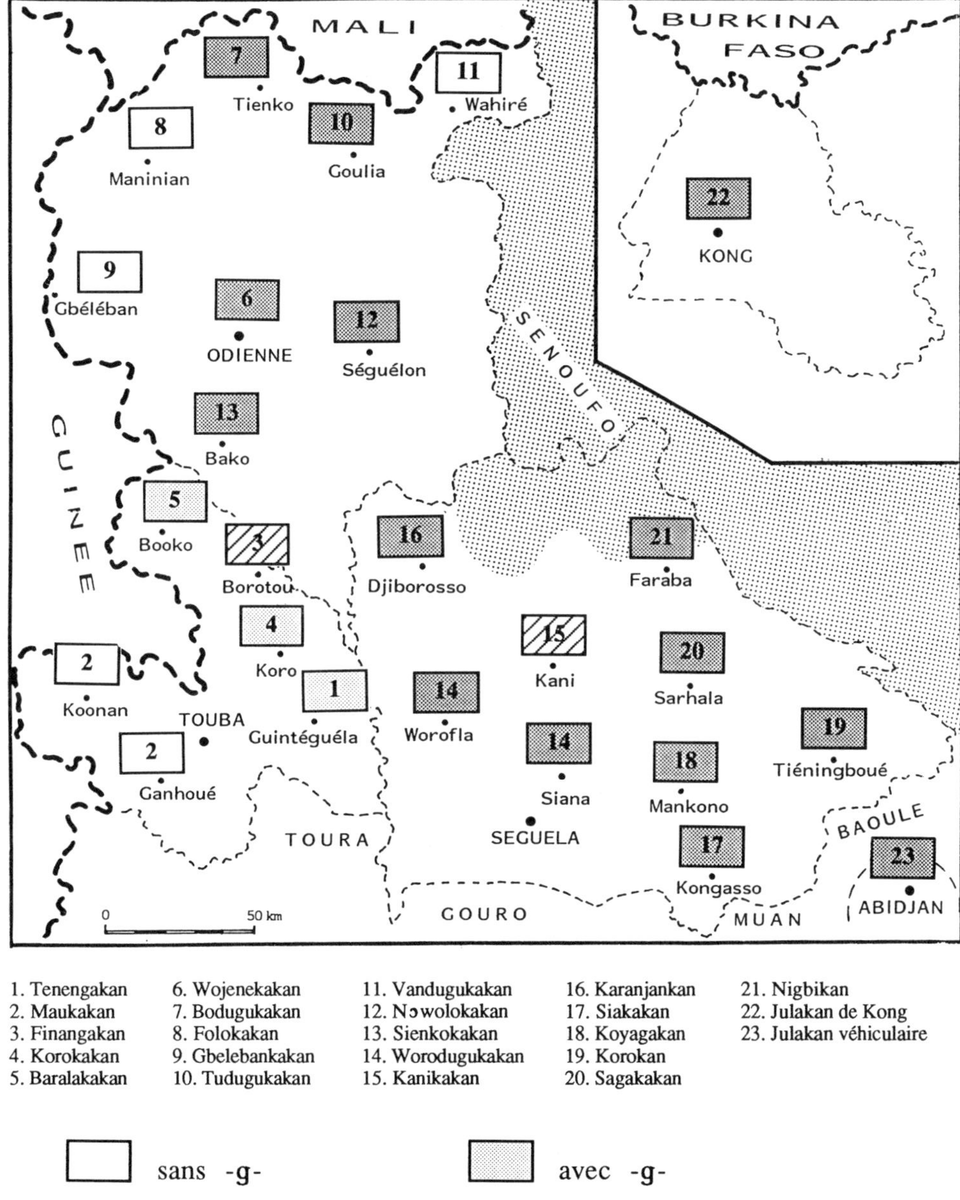

1. Tenengakan
2. Maukakan
3. Finangakan
4. Korokakan
5. Baralakakan
6. Wojenekakan
7. Bodugukakan
8. Folokakan
9. Gbelebankakan
10. Tudugukakan
11. Vandugukakan
12. Nɔwolokakan
13. Sienkokakan
14. Worodugukakan
15. Kanikakan
16. Karanjankan
17. Siakakan
18. Koyagakan
19. Korokan
20. Sagakakan
21. Nigbikan
22. Julakan de Kong
23. Julakan véhiculaire

sans -g-

avec -g-

avec -g-$^{+}$

avec -g-$^{++}$

Carte 54 – RÉPARTITION DE ü/ṵ̈

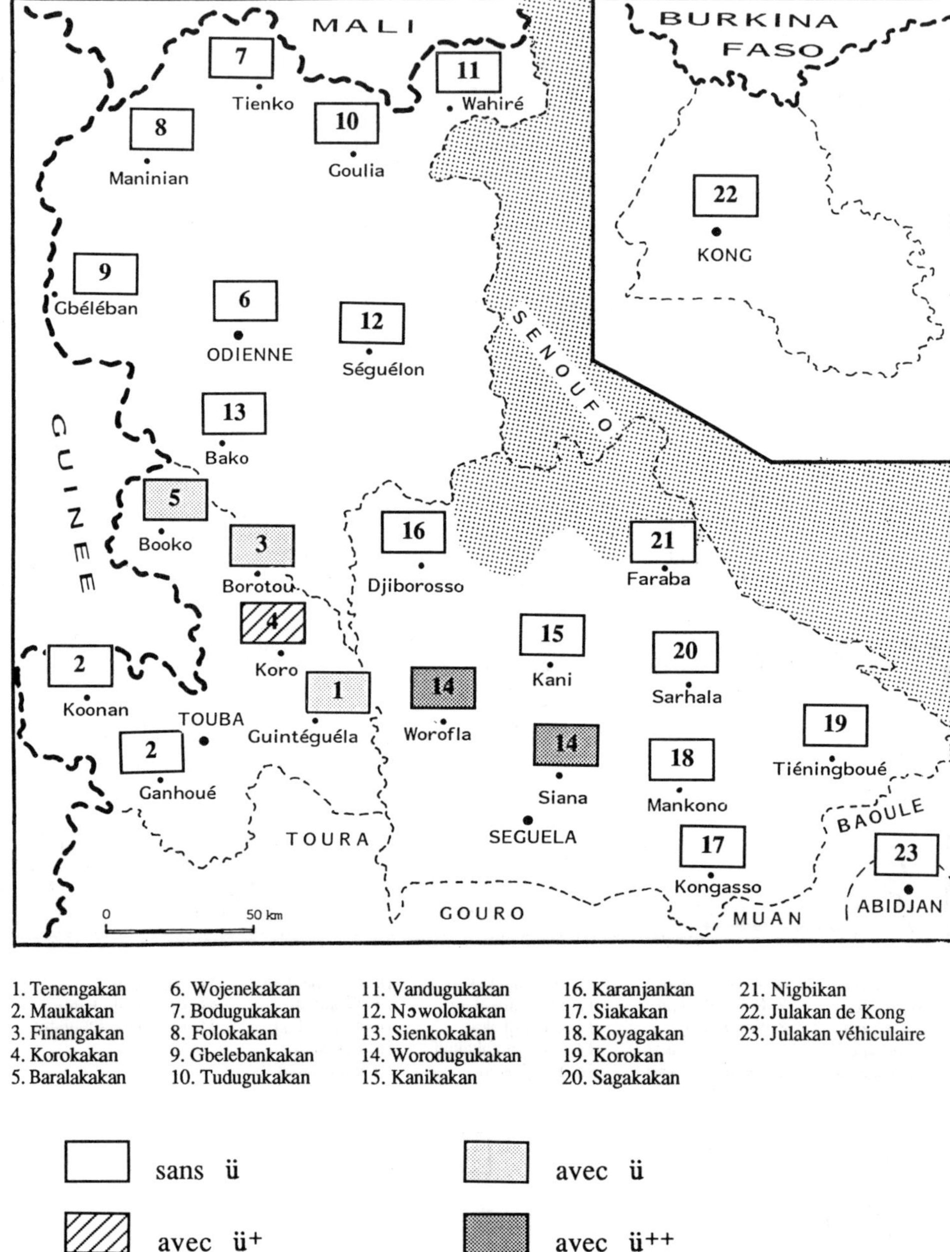

Carte 55 – RÉPARTITION DE ö/ö̤

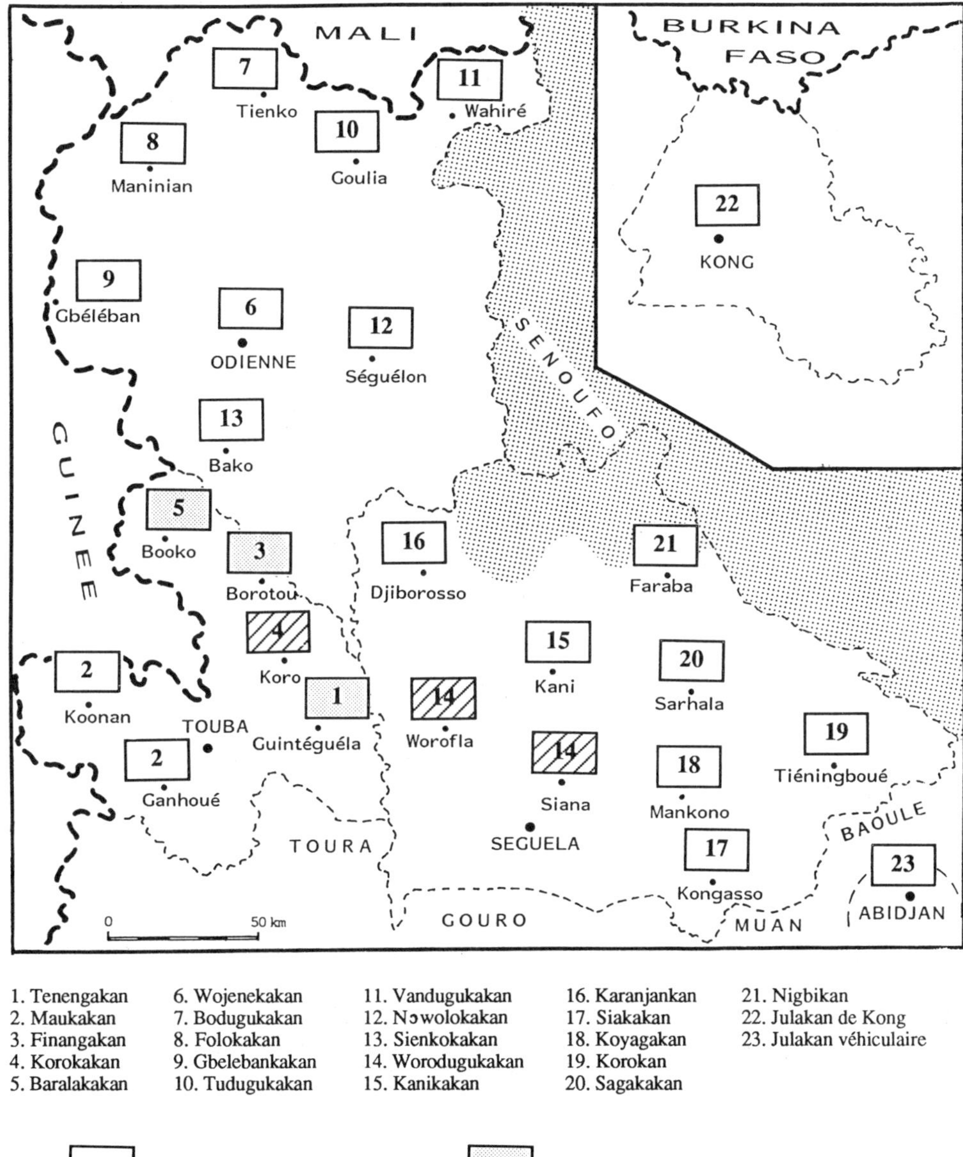

1. Tenengakan
2. Maukakan
3. Finangakan
4. Korokakan
5. Baralakakan
6. Wojenekakan
7. Bodugukakan
8. Folokakan
9. Gbelebankakan
10. Tudugukakan
11. Vandugukakan
12. Nɔwolokakan
13. Sienkokakan
14. Worodugukakan
15. Kanikakan
16. Karanjankan
17. Siakakan
18. Koyagakan
19. Korokan
20. Sagakakan
21. Nigbikan
22. Julakan de Kong
23. Julakan véhiculaire

sans ö

avec ö

avec ö+

Carte 56 – LES SUITES C**y**V correspondant à CVCV

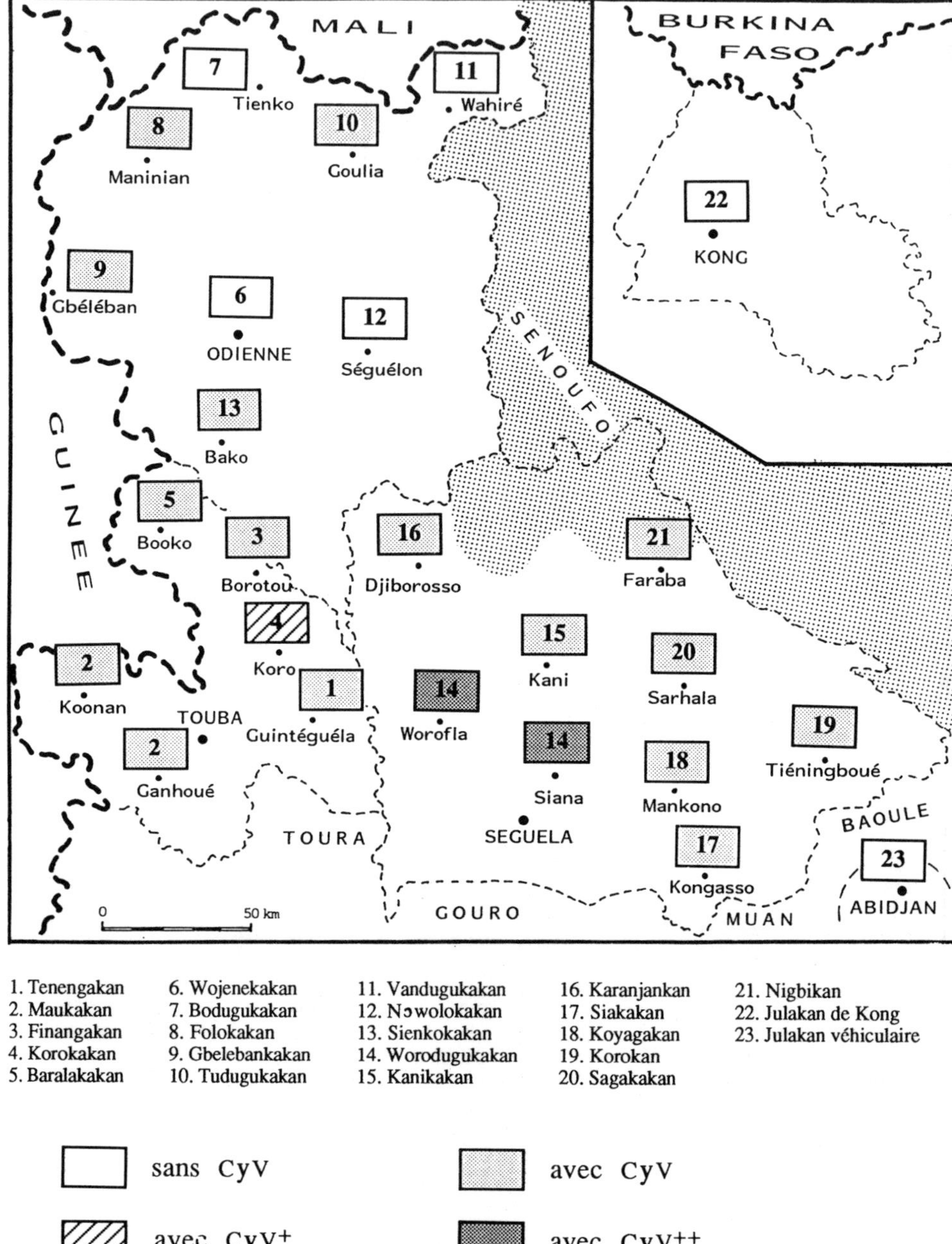

Carte 57 – LES SUITES C**w**V correspondant à CVCV

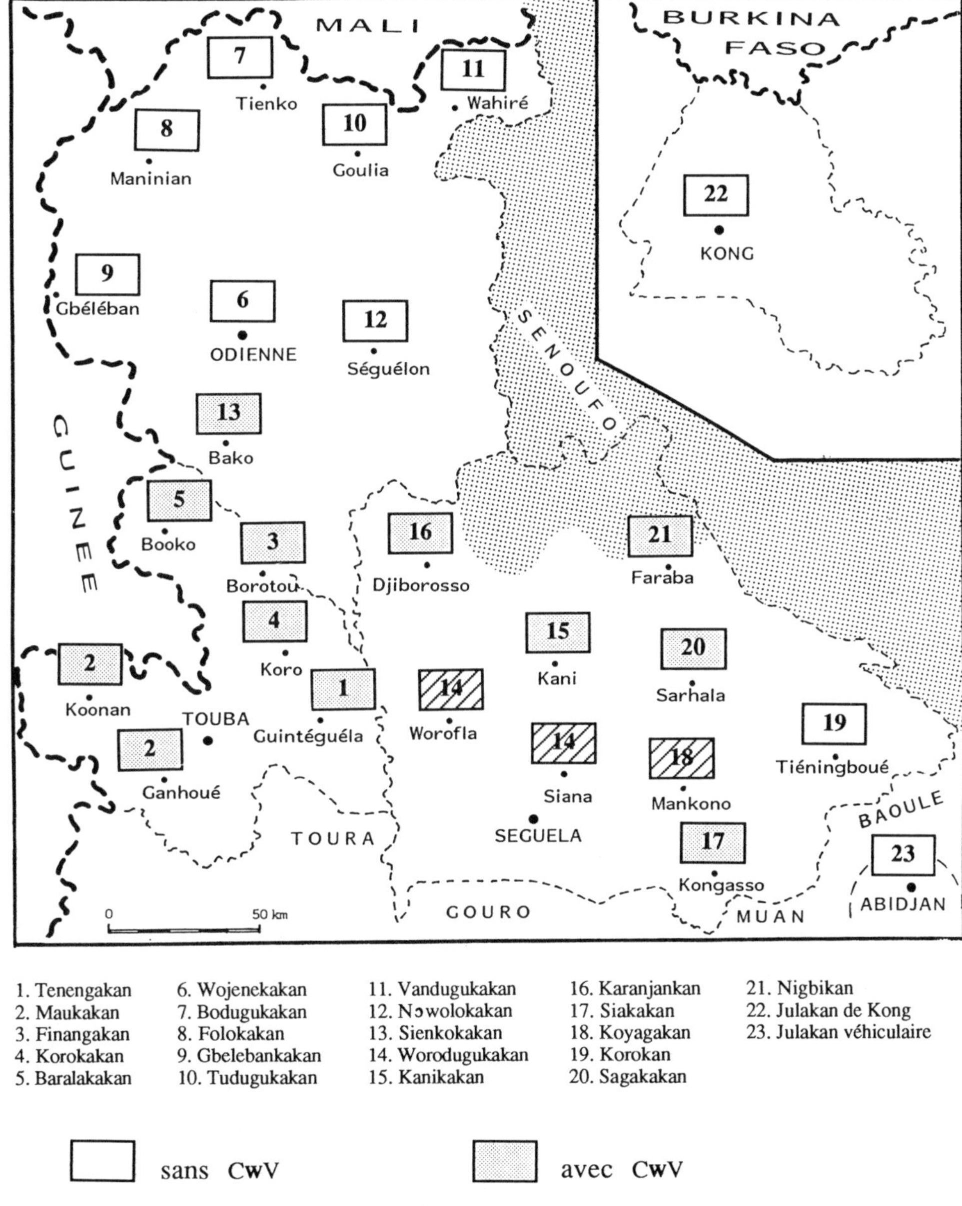

1. Tenengakan
2. Maukakan
3. Finangakan
4. Korokakan
5. Baralakakan
6. Wojenekakan
7. Bodugukakan
8. Folokakan
9. Gbelebankakan
10. Tudugukakan
11. Vandugukakan
12. Nɔwolokakan
13. Sienkokakan
14. Worodugukakan
15. Kanikakan
16. Karanjankan
17. Siakakan
18. Koyagakan
19. Korokan
20. Sagakakan
21. Nigbikan
22. Julakan de Kong
23. Julakan véhiculaire

sans C**w**V

avec C**w**V

avec C**w**V+

Carte 58 – LES SUITES CV_1V_1

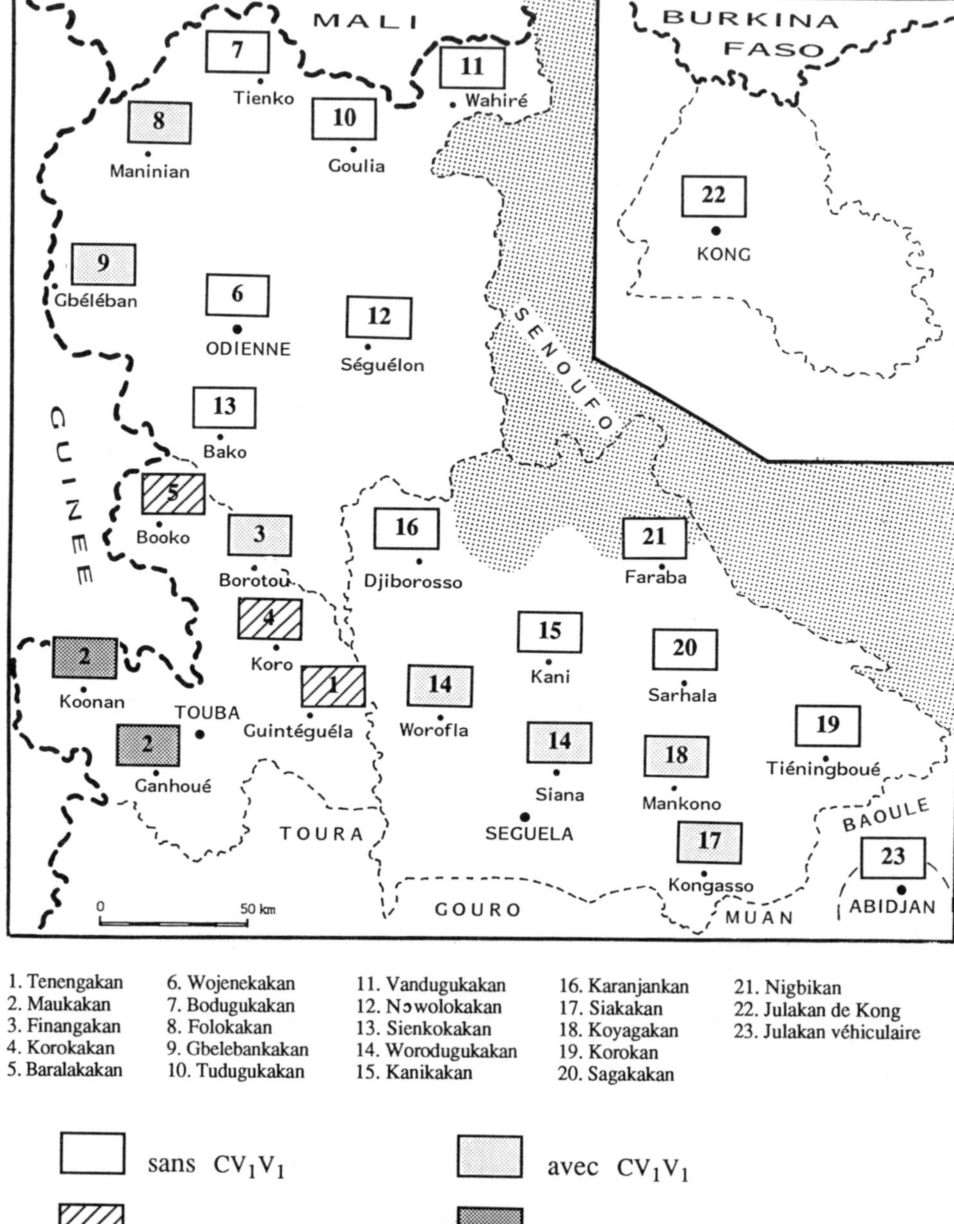

1. Tenengakan
2. Maukakan
3. Finangakan
4. Korokakan
5. Baralakakan
6. Wojenekakan
7. Bodugukakan
8. Folokakan
9. Gbelebankakan
10. Tudugukakan
11. Vandugukakan
12. Nɔwolokakan
13. Sienkokakan
14. Worodugukakan
15. Kanikakan
16. Karanjankan
17. Siakakan
18. Koyagakan
19. Korokan
20. Sagakakan
21. Nigbikan
22. Julakan de Kong
23. Julakan véhiculaire

sans CV_1V_1

avec CV_1V_1

avec $CV_1V_1{}^+$

avec $CV_1V_1{}^{++}$

Carte 59 – LES SUITES CV_1V_2

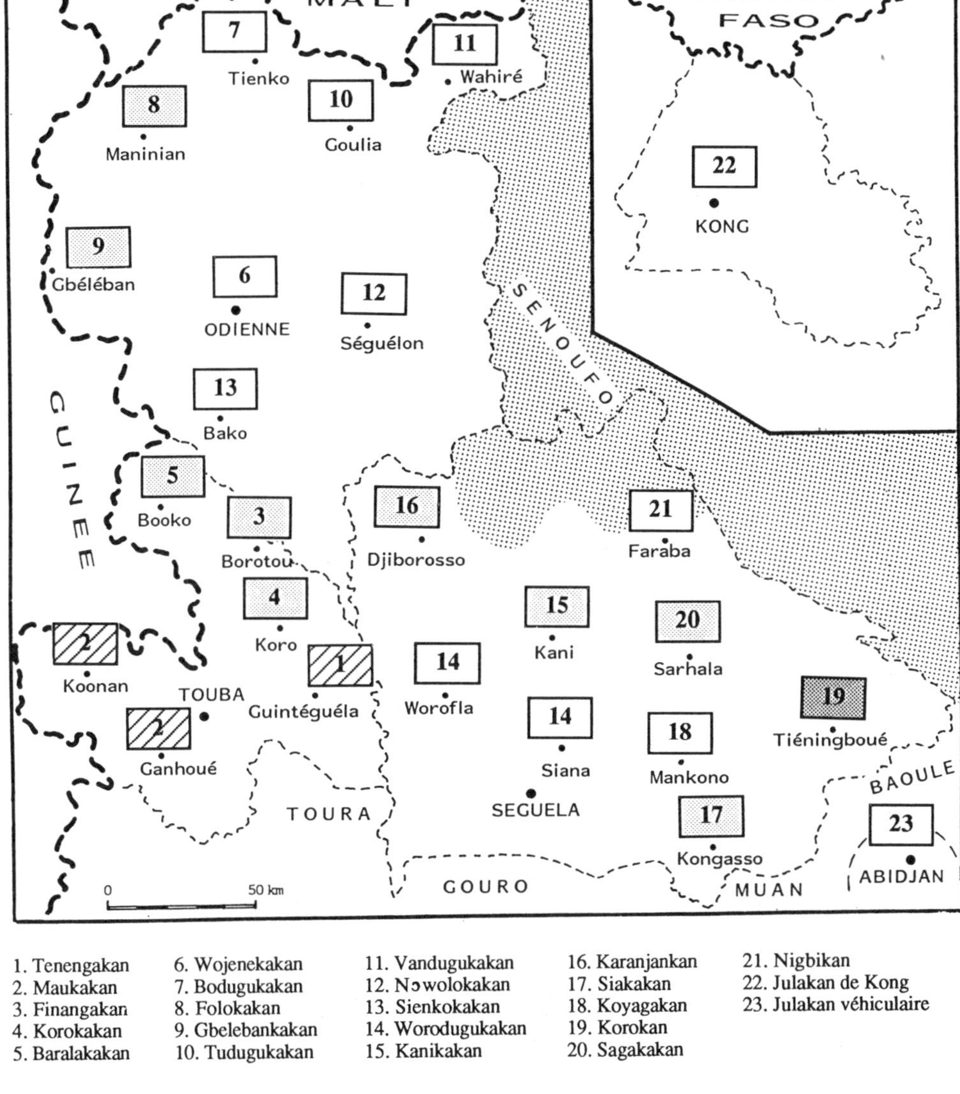

sans CV_1V_2

avec CV_1V_2

avec $CV_1V_2^+$

avec $CV_1V_2^{++}$

Carte 60 – LE MORPHEME DU SPÉCIFIQUE

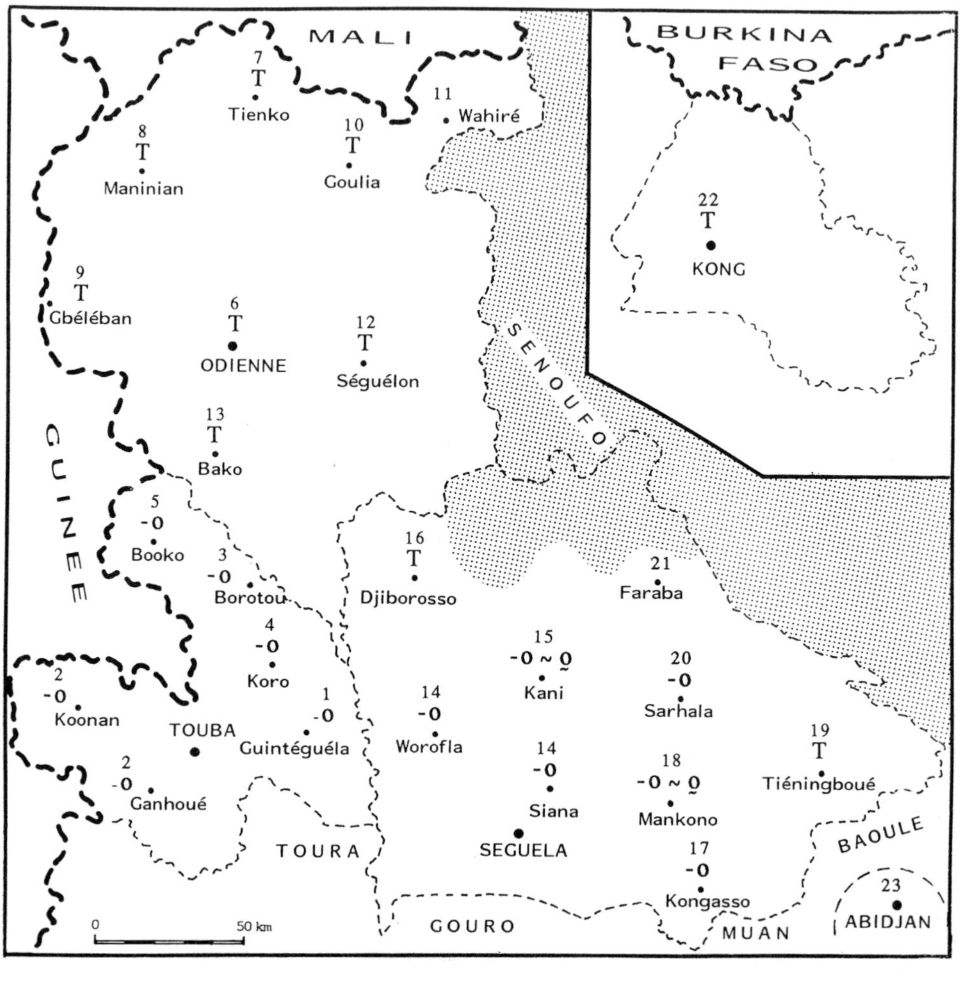

1. Tenengakan
2. Maukakan
3. Finangakan
4. Korokakan
5. Baralakakan
6. Wojenekakan
7. Bodugukakan
8. Folokakan
9. Gbelebankakan
10. Tudugukakan
11. Vandugukakan
12. Nɔwolokakan
13. Sienkokakan
14. Worodugukakan
15. Kanikakan
16. Karanjankan
17. Siakakan
18. Koyagakan
19. Korokan
20. Sagakakan
21. Nigbikan
22. Julakan de Kong
23. Julakan véhiculaire

T = morphème tonal -o = morphème -o

Carte 61 – LE MORPHEME DU PLURIEL

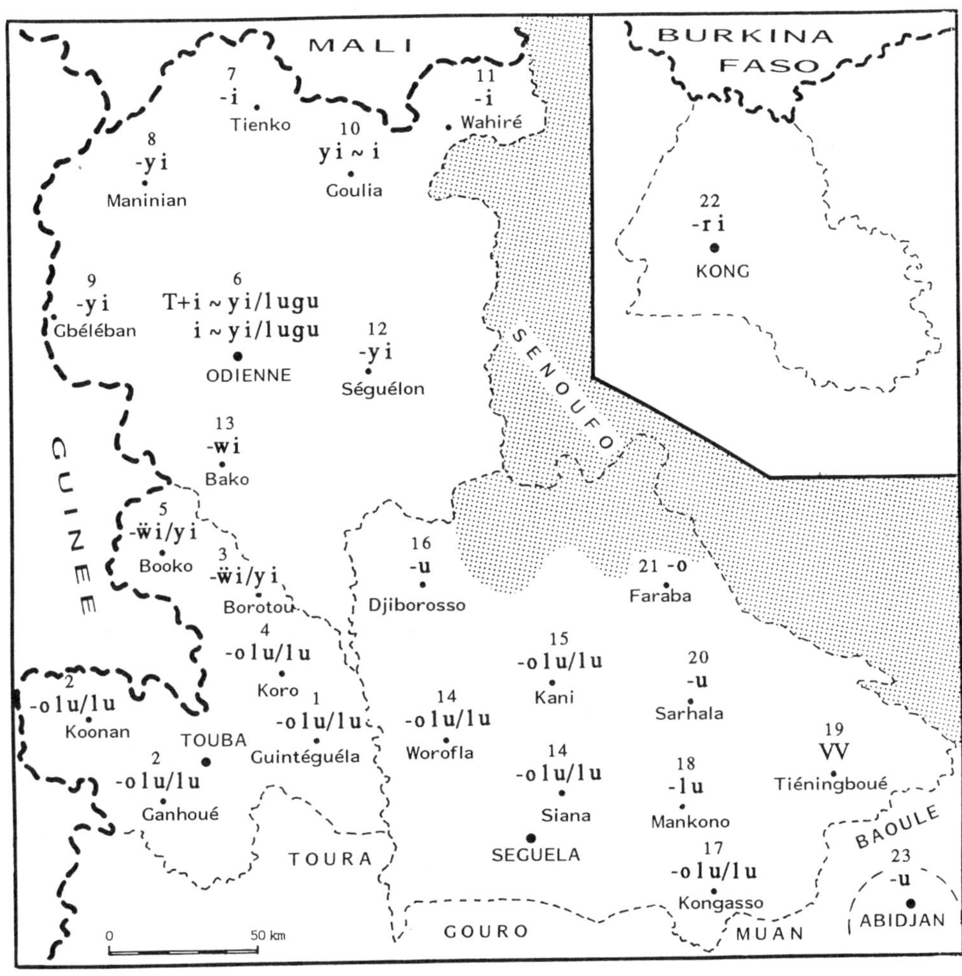

1. Tenengakan
2. Maukakan
3. Finangakan
4. Korokakan
5. Baralakakan
6. Wojenekakan
7. Bodugukakan
8. Folokakan
9. Gbelebankakan
10. Tudugukakan
11. Vandugukakan
12. Nɔwolokakan
13. Sienkokakan
14. Worodugukakan
15. Kanikakan
16. Karanjankan
17. Siakakan
18. Koyagakan
19. Korokan
20. Sagakakan
21. Nigbikan
22. Julakan de Kong
23. Julakan véhiculaire

T = morphème tonal

Carte 62 – LE PRÉDICATIF NON VERBAL D'IDENTIFICATION DANS UN SCHEME À UN TERME

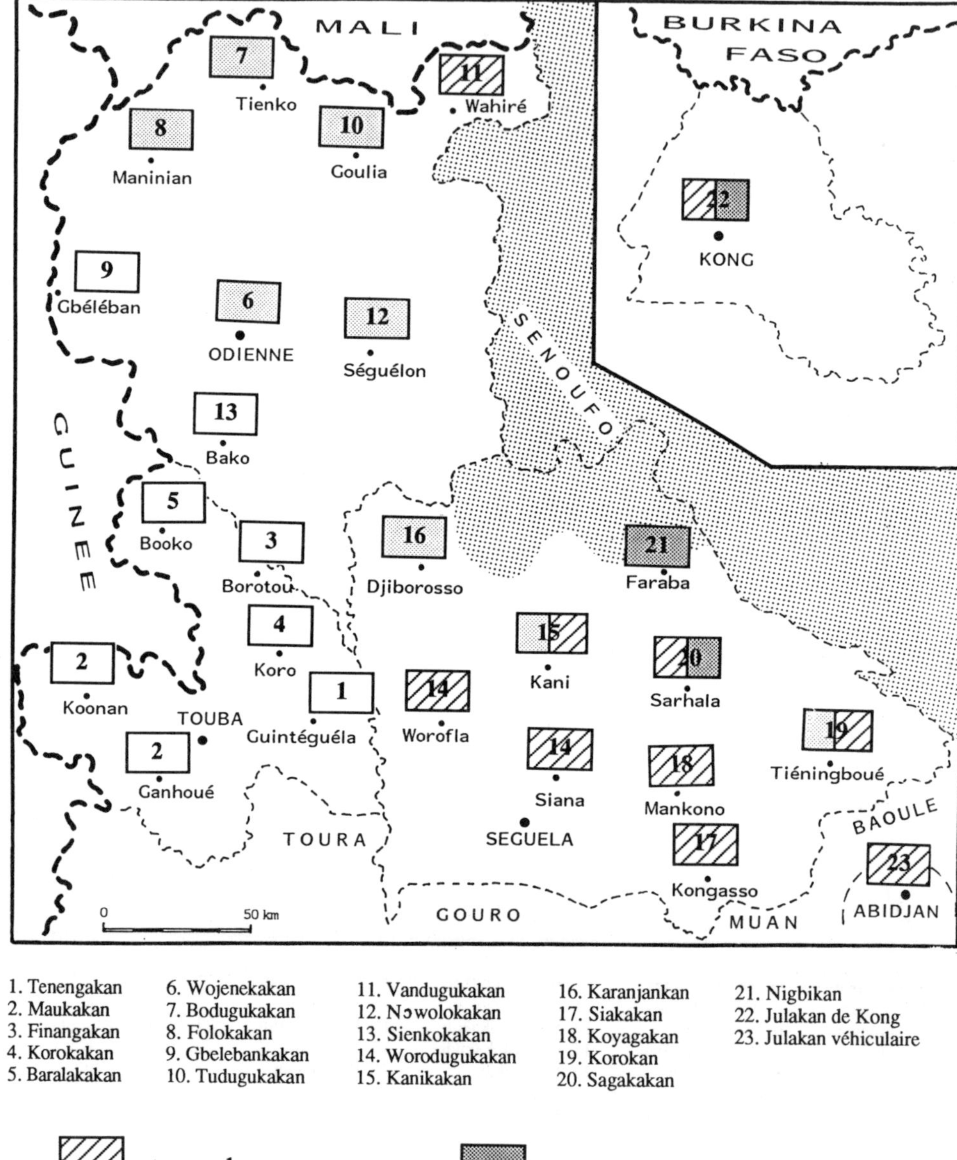

1. Tenengakan
2. Maukakan
3. Finangakan
4. Korokakan
5. Baralakakan
6. Wojenekakan
7. Bodugukakan
8. Folokakan
9. Gbelebankakan
10. Tudugukakan
11. Vandugukakan
12. Nɔwolokakan
13. Sienkokakan
14. Worodugukakan
15. Kanikakan
16. Karanjankan
17. Siakakan
18. Koyagakan
19. Korokan
20. Sagakakan
21. Nigbikan
22. Julakan de Kong
23. Julakan véhiculaire

type lo

type mu

type le

type ye

Carte 63 – LE PRÉDICATIF NON VERBAL D'IDENTIFICATION DANS UN SCHEME À DEUX TERMES

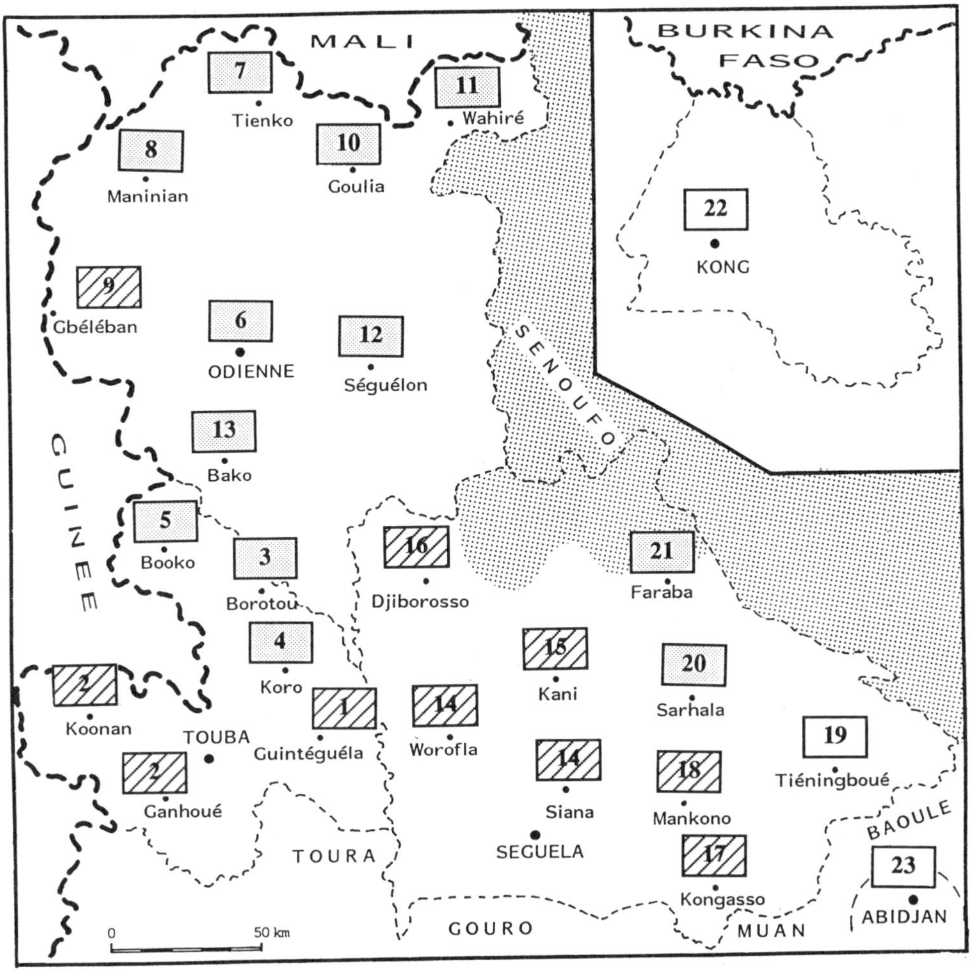

1. Tenengakan
2. Maukakan
3. Finangakan
4. Korokakan
5. Baralakakan
6. Wojenekakan
7. Bodugukakan
8. Folokakan
9. Gbelebankakan
10. Tudugukakan
11. Vandugukakan
12. Nɔwolokakan
13. Sienkokakan
14. Worodugukakan
15. Kanikakan
16. Karanjankan
17. Siakakan
18. Koyagakan
19. Korokan
20. Sagakakan
21. Nigbikan
22. Julakan de Kong
23. Julakan véhiculaire

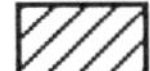 type ye... le  type ye... ye  type bɛ... ye

Carte 64 – LE PRÉDICATIF NON VERBAL DE SITUATION

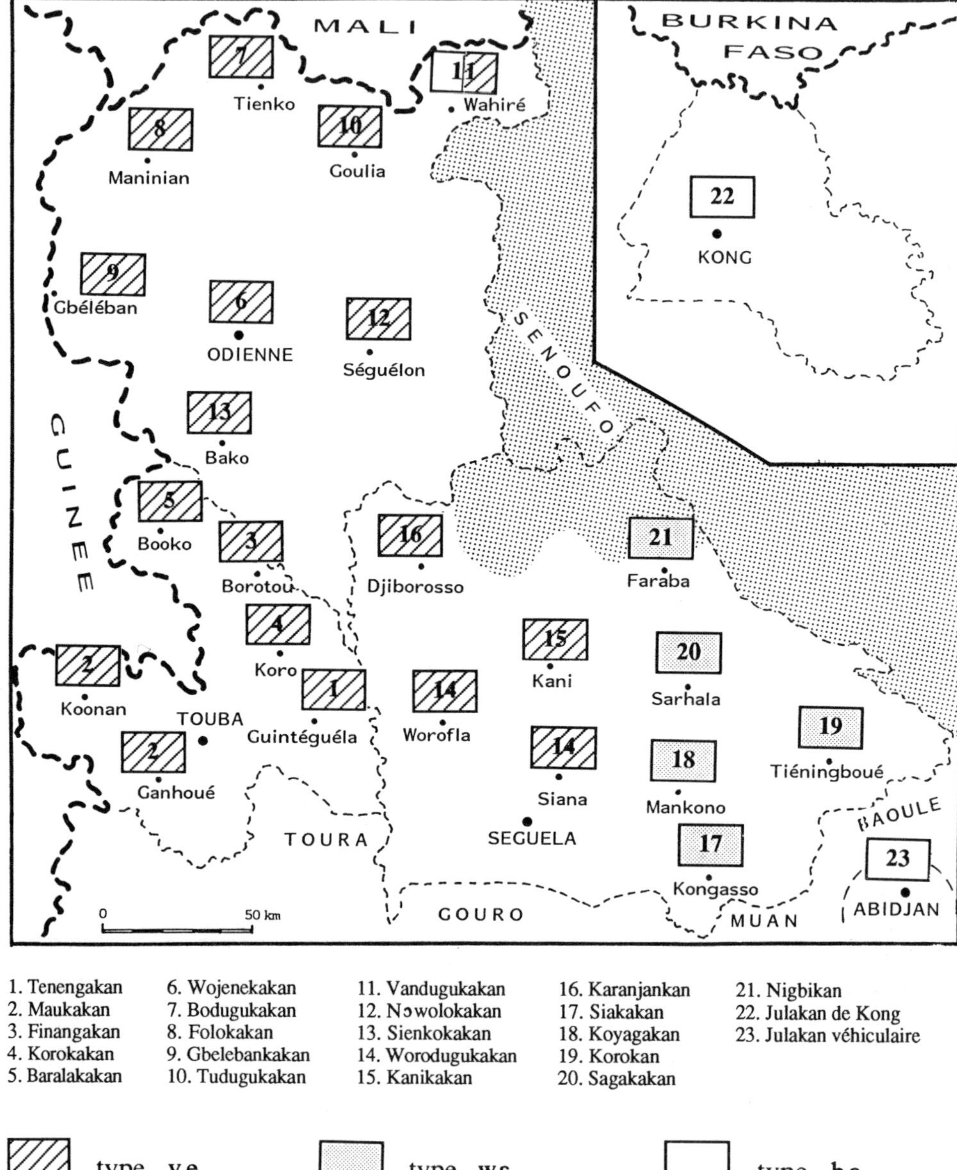

1. Tenengakan
2. Maukakan
3. Finangakan
4. Korokakan
5. Baralakakan
6. Wojenekakan
7. Bodugukakan
8. Folokakan
9. Gbelebankakan
10. Tudugukakan
11. Vandugukakan
12. Nɔwolokakan
13. Sienkokakan
14. Worodugukakan
15. Kanikakan
16. Karanjankan
17. Siakakan
18. Koyagakan
19. Korokan
20. Sagakakan
21. Nigbikan
22. Julakan de Kong
23. Julakan véhiculaire

type ye — type wɛ — type bɛ

Carte 65 – LE PRÉDICATIF DU PRÉSENT

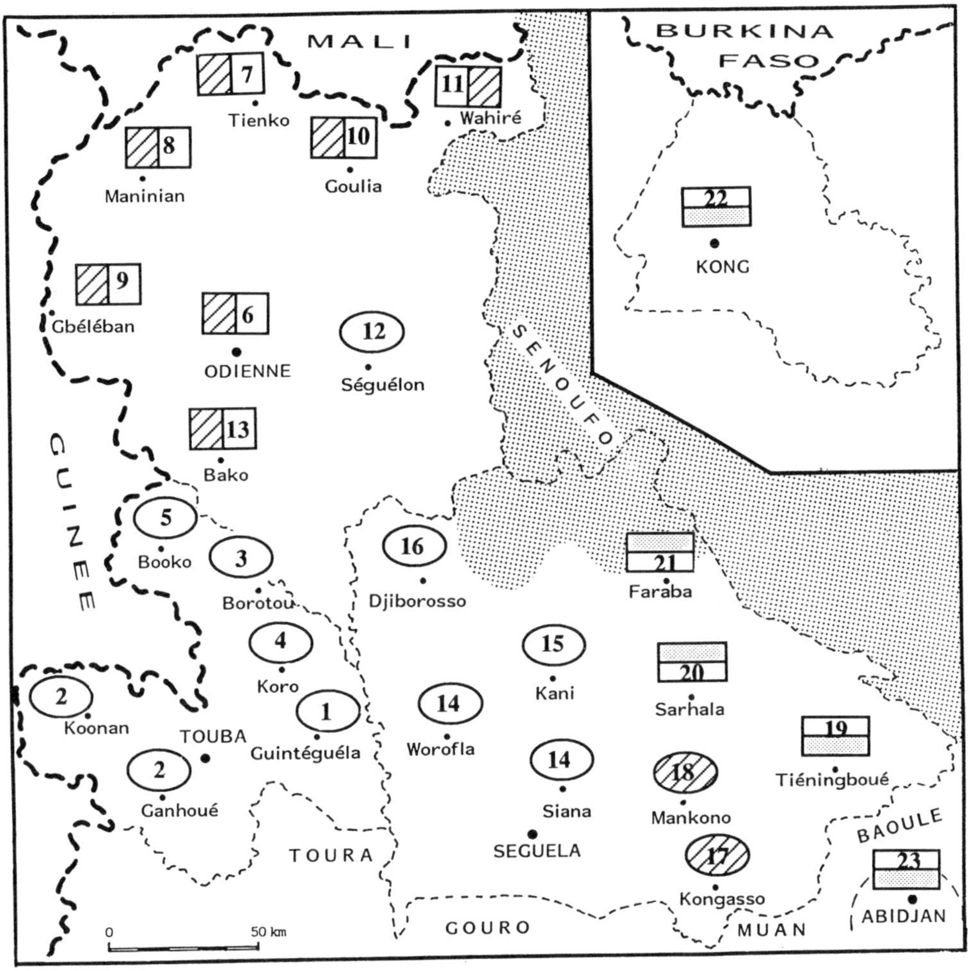

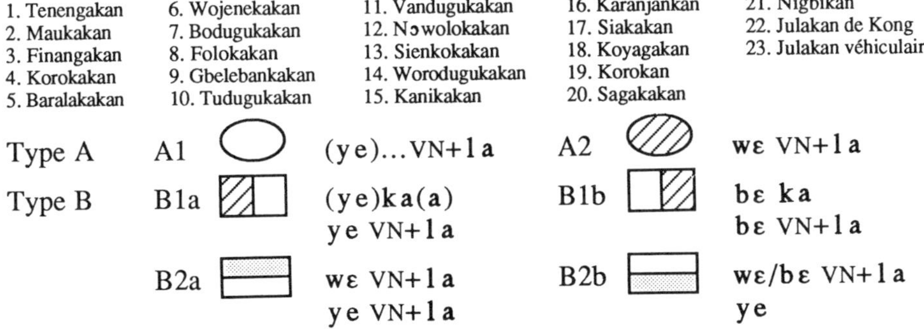

Carte 66 – LE PRÉDICATIF DE L'ÉVENTUEL

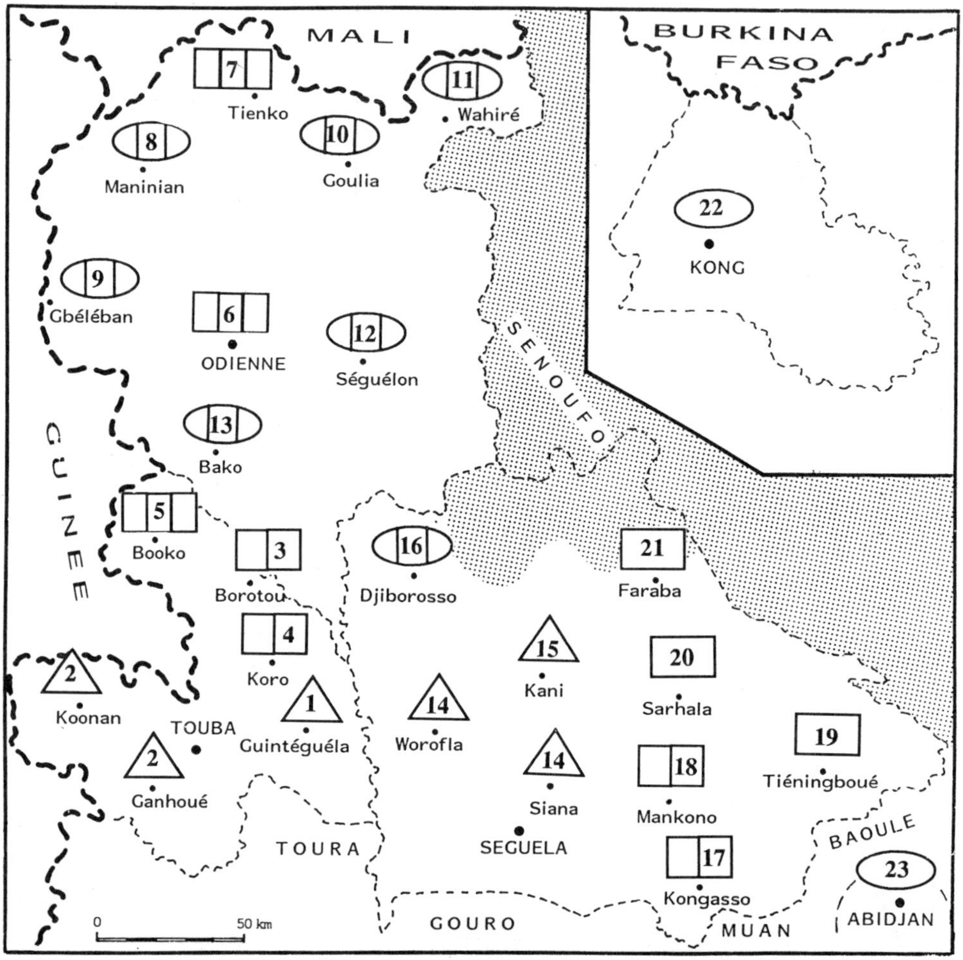

1. Tenengakan
2. Maukakan
3. Finangakan
4. Korokakan
5. Baralakakan
6. Wojenekakan
7. Bodugukakan
8. Folokakan
9. Gbelebankakan
10. Tudugukakan
11. Vandugukakan
12. Nɔwolokakan
13. Sienkokakan
14. Worodugukakan
15. Kanikakan
16. Karanjankan
17. Siakakan
18. Koyagakan
19. Korokan
20. Sagakakan
21. Nigbikan
22. Julakan de Kong
23. Julakan véhiculaire

GROUPE I △ yaa ~ ya ~ yɛa

GROUPE II ☐ (ye)na ☐☐ (ye)na/-tɔ ☐☐☐ (ye)na/-tɔ kɔtɔ

GROUPE III ⬭ bɛ na ⬭ bɛ na/-tɔ kɔtɔ

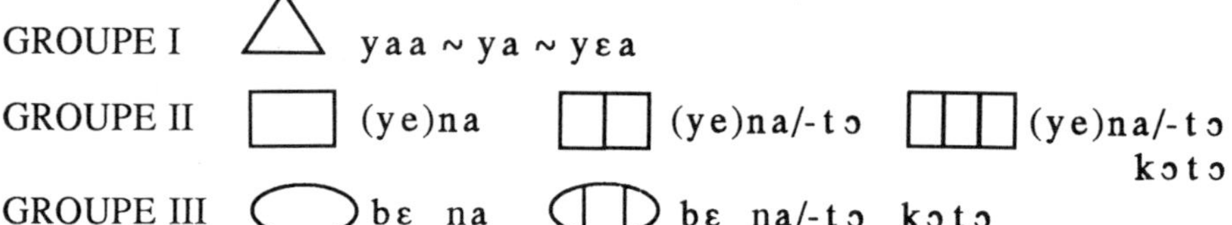

Carte 67 – LE PRÉDICATIF A VALEUR D'INJONCTIF

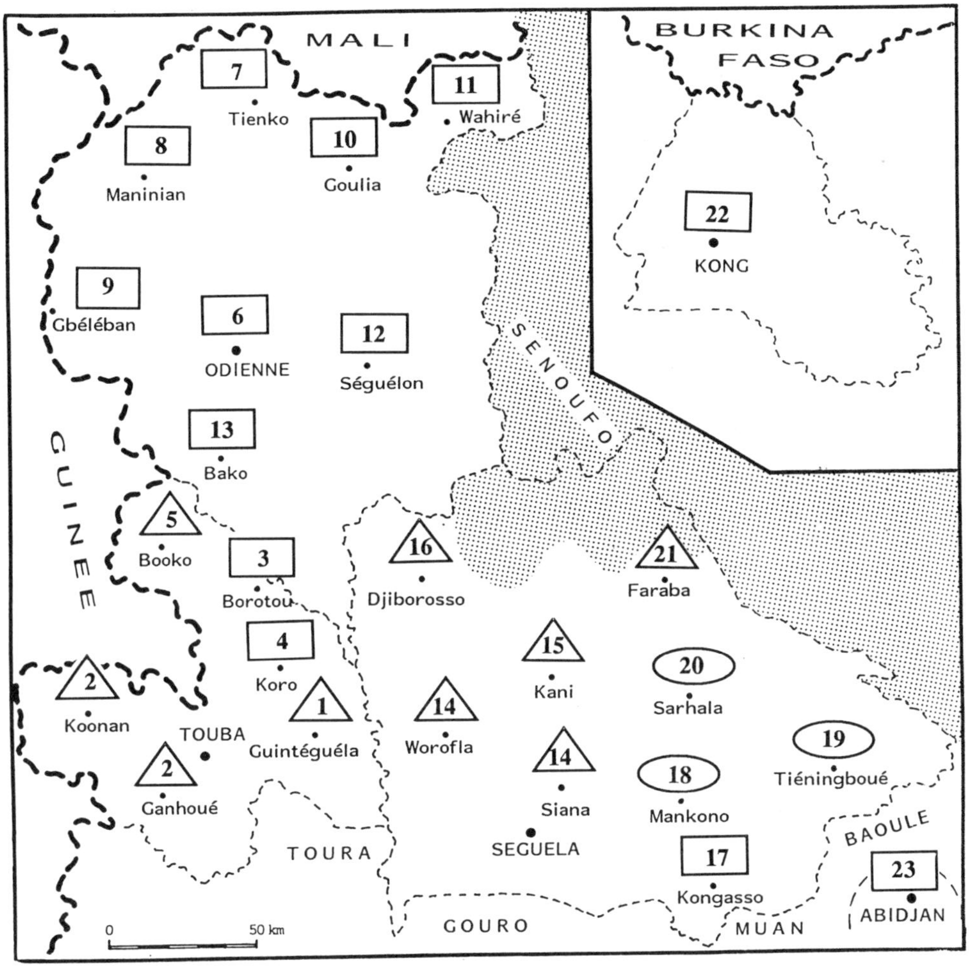

1. Tenengakan
2. Maukakan
3. Finangakan
4. Korokakan
5. Baralakakan
6. Wojenekakan
7. Bodugukakan
8. Folokakan
9. Gbelebankakan
10. Tudugukakan
11. Vandugukakan
12. Nɔwolokakan
13. Sienkokakan
14. Worodugukakan
15. Kanikakan
16. Karanjankan
17. Siakakan
18. Koyagakan
19. Korokan
20. Sagakakan
21. Nigbikan
22. Julakan de Kong
23. Julakan véhiculaire

Carte 68 – LE PRÉDICATIF VERBO-ADJECTIVAL

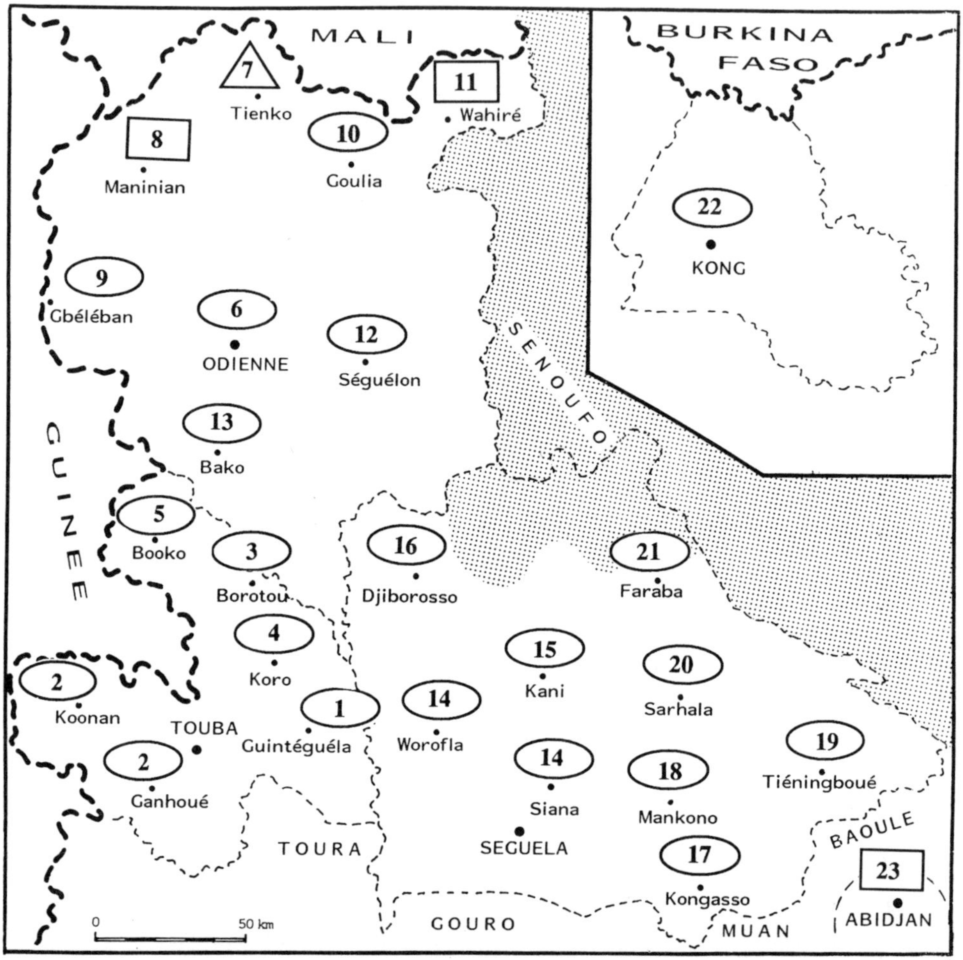

1. Tenengakan
2. Maukakan
3. Finangakan
4. Korokakan
5. Baralakakan
6. Wojenekakan
7. Bodugukakan
8. Folokakan
9. Gbelebankakan
10. Tudugukakan
11. Vandugukakan
12. Nɔwolokakan
13. Sienkokakan
14. Worodugukakan
15. Kanikakan
16. Karanjankan
17. Siakakan
18. Koyagakan
19. Korokan
20. Sagakakan
21. Nigbikan
22. Julakan de Kong
23. Julakan véhiculaire

 ye

 ka

 ya ~ a

Carte 69 – LE PRÉDICATIF DE L'INACTUEL

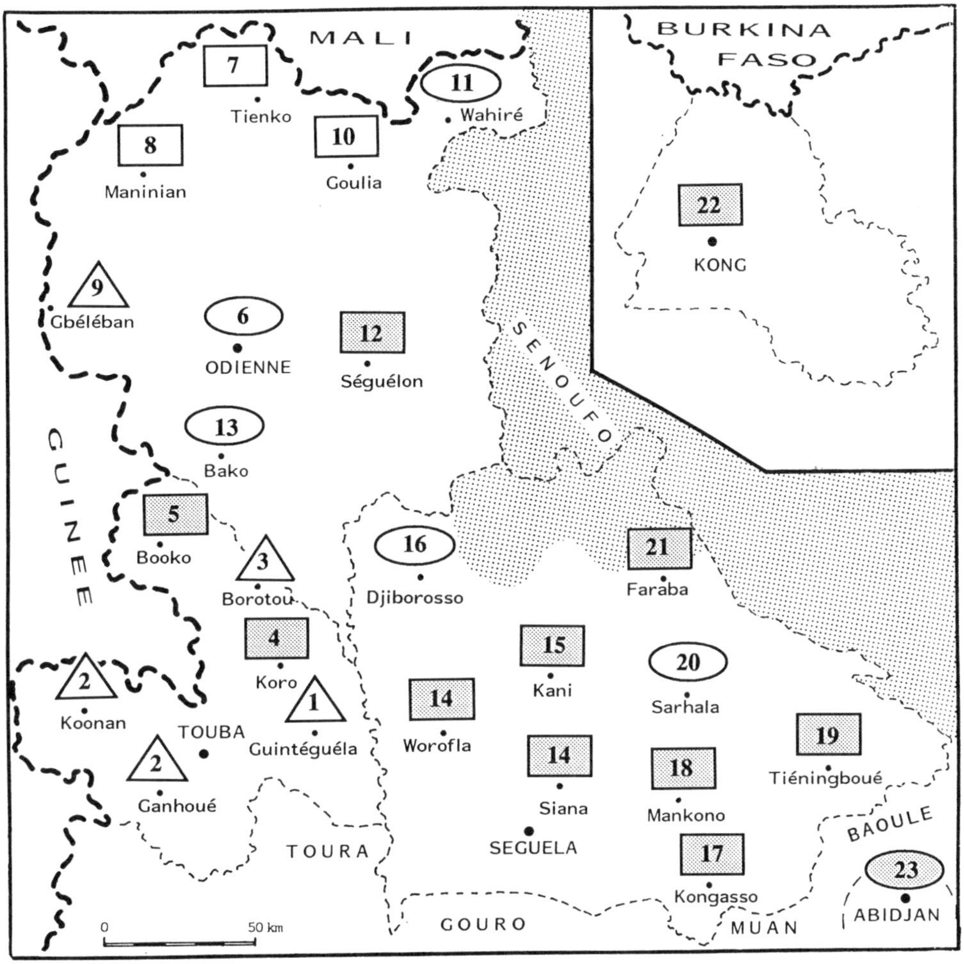

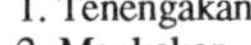

1. Tenengakan	6. Wojenekakan	11. Vandugukakan	16. Karanjankan	21. Nigbikan
2. Maukakan	7. Bodugukakan	12. Nɔwolokakan	17. Siakakan	22. Julakan de Kong
3. Finangakan	8. Folokakan	13. Sienkokakan	18. Koyagakan	23. Julakan véhiculaire
4. Korokakan	9. Gbelebankakan	14. Worodugukakan	19. Korokan	
5. Baralakakan	10. Tudugukakan	15. Kanikakan	20. Sagakakan	

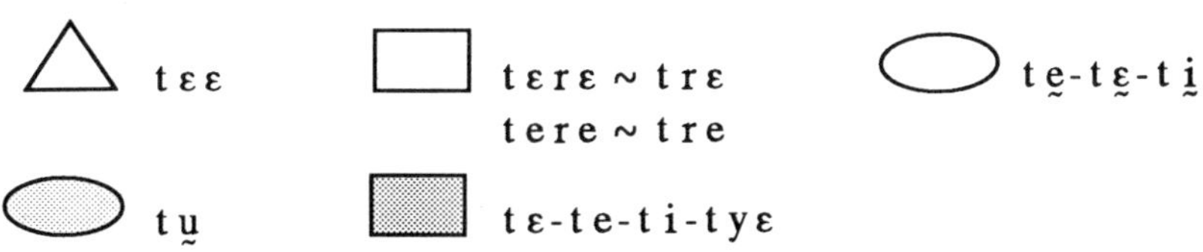

ANNEXE 2

LES VILLAGES

Onomastique et histoire d'après la tradition orale recueillie

BAKO [bá kɔ̃]

L'histoire de ce village est liée à celle de Goulia. En effet, c'est Zangbé Koné, Sénoufo venu de San au Mali, qui après s'être installé à Goulia avec son frère Fakuru, décida à la suite d'une dispute avec ce dernier, de quitter la région de Goulia et de venir chasser dans celle de Bako. Là il rencontra Mya Koné (venu également de San) qui avait déjà établi son campement. Ce dernier proposa à Zangbé Koné de fixer son village derrière un marigot qui grossissait à la saison des pluies de telle sorte que les gens l'appelaient Bá, ce qui signifie "fleuve". C'est là l'origine de bá kɔ̃: "derrière le fleuve". La création de Bako s'est faite en même temps que l'installation d'Odienné par Vakaba Touré. En effet, un pacte de non-agression aurait été signé entre les deux hommes (Vakaba et Zangbé) qui s'étaient rencontrés au bord d'un marigot qui fut nommé ʃyɛ̰ kɔ̃ c'est-à-dire "le marigot (kɔ̃) où ils ont juré (ʃyɛ̰)", d'où l'origine du nom du canton de Sienko

(Informateur : Youssouf Koné, chef de canton, à Bako, mars 1980).

BOOKO [bɔɔ kɔ] (litt. "derrière la boue")

C'est le terme par lequel Va Diamu Diomandé indiqua à son frère Buè Tyè un emplacement pour établir son village. Les Diomandé qui ont créé la région du Barala viennent de Sankaran en Guinée. La généalogie est la suivante :

Soumaka Diomandé (l'ancêtre)
Kansaba Diomandé
Mya Soue Diomandé (est venu le premier dans le Barala)
Tyemasa Siraman Diomandé
Syraman Meya Diomandé qui eut deux fils : Va Diamu et Buè tyè.

Les enfants de Va Diamu fondèrent les sept villages qui constituaient l'ancien Barala : Toranou, Kaalan Bonangoro, Mahandougou, Banandougou, Ourossanisso, et enfin Baralassoba le plus ancien village. Plus tard, les autres villages furent créés. Actuellement, les Diomandé, qui sont les chefs du village de Booko, sont à la huitième génération depuis Konsaba.

(Informateur : Tiemogo Diomandé, chef du village de Diabisédougou, à Booko le 30 décembre 1977).

DJIBOROSSO [j i bɔyɔrɔso]

Les premières familles mandé venues dans la région furent les Koné. Ayant quitté Sankarani en Guinée, ils s'établirent successivement à Odienné, à Gbagalo, à Tienko (dans le Bodougou) et à Noworo. Ils étaient trois frères ; l'aîné, Tyengara Koné, s'installa à Sanflendyo (orthographié Séfiédó sur la carte) dans la région qui fut appelée ensuite le Ngaladougou[1] (c'est-à-dire la région de Ngala, son nom) ; le plus jeune, Tyegbeden, se fixa à Gbananga[2] ; enfin le cadet, Makɛmokɔ (appelé aussi Makroko) d'abord installé à Moribèdougou vint à Djiborosso qui portait alors un autre nom (dont nous parlerons plus loin). Toutes les traditions s'accordent sur le fait que les chefs de guerre Koné durent lutter contre les fɔnɔ, les Sénoufo qui occupaient alors la région. A leur arrivée dans le village appelé aujourd'hui Djiborosso, les Koné s'adressèrent au chef sénoufo, lui demandant quel était le nom du village ; ce dernier, ne comprenant pas le dioula et croyant qu'on lui demandait son propre nom, répondit : "Kafeke". C'est ce nom que les Mandé, nouveaux conquérants de la région, donnèrent au village qui, au temps des Sénoufo, s'appelait Dougougbe[3]

Une deuxième vague de Manding arriva après les Koné[4] dans cette région ; ce furent les Diomandé, dont l'ancêtre Fa Kun Diomandé, ayant quitté le Mandé, s'installa successivement à Sirala puis dans le Byelou. A cette époque, ces derniers, tout comme les Koné, n'étaient pas encore convertis à l'islam. A leur arrivée dans le Karandian ils demandèrent l'hospitalité aux Koné. Une dépendance s'établit ainsi entre les villages créés par les Koné et ceux que fondèrent les Diomandé. Ainsi Moritièdougou, village le plus ancien d'après la tradition, devait protéger Mbotro, Souasso devait protéger Séguédian, Toté, Djoborosso, etc. Aujourd'hui, ces deux familles constituent les deux principaux quartiers du village.

Plus tard, à la vue de l'endroit qui venait d'être détruit par Vakaba Touré, Samory demanda au chef des Koné – à l'époque Fa Moro qui s'était réfugié à Baféretou – de reconstruire ce village qui était bien situé puisqu'on y trouvait de l'eau, d'où jíbɔyɔrɔso (mot à mot : eau/sortir/endroit/ village), nom qui devait lui rester.

(Informateurs : Korodiara Koné, chef du quartier koné, et Ngosotyé Fiomandé, frère du chef du village de Djiborosso – mars 1978).

FARABA [faraba]

Ses fondateurs sont les Bamba. L'ancêtre Vamori Sanda Bamba, animiste, chef de guerre et marchand d'esclaves, vint, après avoir quitté le Mandé, dans la région avec ses hommes. Installé d'abord à Konyémaga[5], il alla ensuite demander l'hospitalité aux Watara établis à Boron (important village au sud-est de Dianra) lesquels, trouvant les nouveaux arrivants trop guerriers, demandèrent aux Sénoufo de Sononso de donner aux Bamba un endroit pour s'installer Ceux-ci leur indiquèrent un lieu appelé Kawanigbɛ ("petite pierre blanche") que les Bamba, faute d'y trouver

[1] Cette région appartient actuellement à la sous-préfecture de Morondo.

[2] Nous n'avons pu localiser cet endroit.

[3] Les différents informateurs ont tous donné ce nom comme étant celui de leur village au temps des Sénoufo. On ne comprend pas très bien pourquoi ce nom, dioula, a été adopté par les Sénoufo.

[4] Il est difficile de dater cet événement. D'après les traditionnistes, cette migration a dû avoir lieu bien avant la guerre de Samori, en même temps que toute la migration manding que l'on situe vers la fin du XVIe siècle.

[5] Notre informateur, Yayoro Bamba, secrétaire du PDCI de Faraba, n'a pu nous préciser l'emplacement de ce village.

quelque chose pour se nourrir, quittèrent pour Diasiso, dans la région de Faraba. Ne trouvant là encore rien à manger, ils retournèrent voir les habitants de Sononso afin d'obtenir un autre emplacement. Ceux-ci leur indiquèrent cette fois un lieu proche de l'actuel Faraba que les Bamba appelèrent **Kɛ̀ndɛso**, parce que là ceux de Sononsio devaient leur trouver du miel (**kɛ̀ndɛ**). Par la suite, un chasseur du groupe des Bamba finit par découvrir non loin de **Kɛ̀ndɛso** un emplacement bien situé, à côté d'un gros rocher (**faraba** en nigbikan). Il fit part de sa découverte aux autres Bamba et tous décidèrent d'y fonder leur village qui prit le nom de Faraba.

GANHOUE [ga̱wé]

Le nom du plus ancien village mahou est, de l'avis de tous, [glɛ́le], mot d'origine yakouba qui signifie "la côte des margouillats", désignant ainsi une colline appelée par ce nom. Wasa Famba Diomandé, venu du Mali avec un certain Koné, s'était d'abord installé à Siano (à quelques kilomètres de Touba, sur la route de Tyenko), puis à Yala près de Tyenko, pour finalement fonder le village de Ganhoué, après avoir chassé les Yakouba qui occupaient cette région. Ce Wasa Diomandé, grand féticheur, a toujours refusé l'islam.

(Informateur : Bakari Koné, cultivateur à Ganhoué – 9 avril 1976).

GBELEBAN [gbeleba̱]

Ce village fut fondé par Koma et Fa Mossa Traoré, venus de Gbɔtɔgɔla en Guinée. Leur ancêtre, Jagboyé, venait du village de Jenbaya au Mali. Jimankan, son fils, atteignit la Guinée où Manza, fils de Jimankan fonda le village de Gbɔtɔgɔla. Manza eut deux fils, Koma et Famoussa qui, à leur tour fondèrent leur propre village près d'un arbre appelé **gbɛ́lɛ́** au pied duquel ils firent un sacrifice. C'est de cet arbre que le village tire son nom. Les successeurs de Koma furent Dagbo, puis Diébori, Jima, Mangoroba et enfin Va Moro, père de l'actuel chef de village Amara Traoré qui, trop âgé pour commander, a délégué ses pouvoirs à Maniakaba Traoré.

(Informateur : Maniakaba Traoré, adjoint du chef de village à Gbéléban – mars 1980).

Peu de temps après l'arrivée des Traoré, Mori Oulen Cissé, grand marabout venu de Bakongo en Guinée, reçut droit de cité de Koma Traoré. Le rayonnement des Cissé s'étendait alors jusqu'à Tiémé et Samatiguila. Mori Oulen Cissé était contemporain de Vabaka Touré (fin du XVIIIe siècle). Plus tard, ce fut Sirébéréma Cissé qui enseigna la religion musulmane à Samori Touré.

(Informateur : Daouda Cissé, imam de Gbéléban).

GBEMA [gbɛma]

Les Sia du village de Gbéma (à une dizaine de kilomètres de Kongasso) détiennent un *tariqh*[6] retraçant l'histoire des Bamba fondateurs de nombreux villages, depuis la dispersion du Mandé jusqu'à leur arrivée dans la région[7] . Ce texte, très intéressant, explique par un mythe l'origine de

[6] Ce mot, d'origine arabe, désigne des textes transcrits en arabe ou en *ajami* (procédé qui consiste à transcrire en écriture arabe une langue vernaculaire), calligraphiés sur des tablettes généralement en bois. Par extension, ce terme désignera, dans le monde islamique, les récits historiques d'origine prestigieuse.

[7] Nous avons pu enregistrer ce texte qui a été lu en arabe et traduit phrase par phrase en siakakan par l'alimami Bema Bamba.

cette dispersion : «La servante d'une femme très riche, du nom de Masogolo et habitant au Mandé, fut piquée par un serpent. Masogolo ordonna alors que l'on coupe le serpent en deux ; une partie s'éleva vers le ciel en disant : "pendant sept ans, sept mois, sept jours, sept semaines, il ne pleuvra pas dans ce village". La femme riche put nourrir ses gens pendant sept ans et sept mois, mais avant que les sept semaines soient écoulées, tous les hommes du pays durent abandonner leur village et descendre vers le sud.» C'est ainsi que le fils d'Abdoulkan Chérif, Mohammed Chérif, surnommé Siamorifin (c'est-à-dire "marabout noir des Sia") Bamba (qui signifie "celui qui refuse tout, qui n'a peur de rien") arriva dans la région, avec son frère Ismaïla Chérif, et y fonda le village de Léga[8], aujourd'hui détruit, ainsi que de nombreux autres villages, tels que Tulé. A leur arrivée, la région était habitée par les Mona (ou Mwan) qui durent quitter leur territoire.

GUINTEGUELA [gbe̱deela]

D'après El Hadj Kanvaly Bamba, ancien chef de village, le fondateur est Vafee Noognono Bamba, venu de Ferentella (village situé à l'ouest de Touba). C'était un descendant de Djenné Moussa, surnommé ainsi car il venait de Djenné au Mali. En arrivant à l'emplacement du village, cet ancêtre trouva un chasseur du nom de Va Gbende qui aurait établi là son campement, d'où le nom du village ([gbe̱de la] *litt.* "là où est Gbende").

KANI [kani]

Le premier arrivant, Korobla Bakayoko, était un Sénoufo. Il est difficile de savoir à quelle époque sont arrivés ces Sénoufo ; on peut penser, d'après les liens de parenté existant pour certains d'entre eux avec les Tagbana de Katiola, actuellement au nord-ouest de la Côte-d'Ivoire, que leur arrivée se serait produite en même temps que ces derniers mais il faudrait vérifier les traditions auprès des Tagbana. La deuxième vague d'arrivants fut celle des Dosso dont personne ne sait exactement d'où ils venaient. Puis ce furent les Meité dont l'ancêtre, Bakary, avait quitté Kaaba au Mandé ; celui-ci était mort en chemin, laissant trois fils : Mamourou, Kabassi et Méké, qui d'abord s'installèrentà Kélémɔgɔla puis vinrent à Kani en apportant l'islam, accompagnés de leurs marabouts, les Fofana. Ils nommèrent **banmama** (c'est-à-dire "ceux qui ne prient pas") les Sénoufo qu'ils trouvèrent à leur arrivée ; de là vient le nom de Bambara-Kunda donné à ce quartier de Kani où vivent les Sénoufo.

Le nom de la ville de Kani est celui d'une jeune fille, Ma Kani, qui fut sacrifiée par les marabouts (donc à une date relativement récente) pour que le village, qui s'appelait à l'époque Sokuraba, soit prospère.

(Informateurs : Mamo Méité, chef de village à Kani ; Kodyon Bakayoko, du quartier de Bambarakunda à Kani – mars 1978).

KOONAN [ko̱o̱na]

Ce terme qui, d'après la tradition, signifie "celui qui n'est pas sérieux" est le surnom par lequel les gens désignaient Mya Mouefin Bamba, grand marabout descendant de Djenné Moussa Bamba

---

[8] Léga se trouvait en face du village de Boaka sur la route de Zuénoula au bord de la Marawé. Il aurait été intéressant de faire des fouilles archéologiques à cet endroit.

(venu de Djenné au Mali) ; celui-ci était le fils de Anzoumana Bamba, lui-même fils de Hamadou Bamba qui, lui, serait originaire de Tombouctou. On a appelé ainsi le fondateur de ce village parce qu'il était arrivé en retard aux funérailles de la femme du chef de Tenemasa (village de la région). Ce grand marabout aurait eu la révélation d'un endroit situé entre trois montagnes et propice à la construction du village de Koonan.

(Information recueillie le 28 décembre 1977.).

KONG [**kpɔ̱**]

Son fondateur, Kapélé Dyo, d'ethnie falafala (aujourd'hui disparue) avait quitté le village, à la suite d'une dispute avec ses frères installés à Labiné (village aujourd'hui détruit), pour établir son campement à l'emplacement de l'actuel village de Kong. A ses frères venus l'interroger sur les raisons de son départ, il aurait répondu en falafala « **gbɔ̱** ? », qui signifierait dans cette langue "qu'ai-je fait ?". Peu à peu, le village s'étendit ; il était déjà bien établi lorsqu'arrivèrent les Ouattara de Dé en Haute-Volta. C'est Sékou Ouattara qui développera Kong et installera son pouvoir sur toute la région.

(Informateur : El Hadj Labi Sanago, 1977, "Annales sur les origines de Kong", *Annales de l'Université d'Abidjan*, série J, T. 1 Traditions orales).

KORO [**koro**]

Pour l'histoire de ce village, nous laisserons son chef parler : «Le marabout qui a fondé ce village, et qui s'appelait El Hadj Moussa Bakayoko [Baayo en korokakan] est venu de Tombouctou [...]. Alors que celui-ci était à Tombouctou, un des chefs Diomandé du Gbeka (région de Borotou) demanda à un marabout de Sifuula, du nom de Mya Samoo Kiaaté, de venir faire des prières afin que son village devienne puissant. Ce dernier répondit qu'il ne pouvait pas mais qu'il connaissait un homme, avec qui il avait fait le pélerinage à La Mecque, qui pourrait sûrement accomplir cette tâche. La façon dont ce marabout rentra en contact avec El Hadj Moussa Bakayoko est étrange : le marabout de Sifuula était en fait un **waliyu** (c'est-à-dire un saint) ; il écrivit une lettre qu'il plaça dans la bouche d'un poisson appelé **salẹ** [espèce de poisson d'eau douce] qui descendit le Djoliba [le Niger] jusqu'aux rives de Tombouctou. Des pêcheurs attrapèrent le poisson, retrouvèrent la lettre et avertirent El Hadj Moussa Bakayoko. Ce dernier s'en alla informer son frère aîné, un autre grand marabout de Tombouctou, El Hadj Alpha Mahamoud. Celui-ci lui dit de partir. C'est ainsi que El Hadj Moussa Bakayoko se dirigea d'abord dans le Gbé où il rencontra Fuengana et Konsaba Diomandé, qui étaient les chefs de la région à l'époque. Après avoir prié pour la puissance du Gbé, ceux-ci lui proposèrent de s'installer chez eux. Il rejeta cette proposition et leur dit qu'il devait s'avancer à l'intérieur du pays [...]. Il vint donc trouver notre ancêtre Soumahoro qui , dans ce temps-là, était chef de cette région, installé à Nigbilaba. Ce village, très grand à l'époque, est en ruines maintenant ; celui qui porte aujourd'hui le même nom a été construit loin de ces ruines, bien après. En ce temps-là, notre ancêtre Soumahoro adorait une montagne appelée **Kuninguu**. Un jour, les génies ont volé les chaussures de Moussa Bakayoko devant la mosquée. Celui-ci déclara qu'il ne pouvait s'entendre avec ces génies "kafres" [païens] et que les siens, **ruwanya**, ne supporteraient pas un tel voisinage. Moussa Bakayoko a donc demandé à notre ancêtre de lui indiquer un emplacement. La façon dont il va trouver cet endroit est étrange : on lui a dit de mettre son bâton [de marche] sur ses épaules et de marcher jusqu'à ce que les deux bouts du bâton rencontrent en même temps le même obstacle formé par les deux pieds d'un kőrokoro[9].. Son bâton, ainsi coincé, indiquerait l'endroit propice à la création d'un village. Voilà comment notre village, Koro (qui porte le nom de cet arbre) fut créé. Cette terre de Koro devint la propriété des Bakayoko, les Soumahoro étant leurs élèves. Le premier emplacement du village était à côté d'un marigot, mais s'apercevant qu'il était ainsi exposé aux ennemis, le fils de Moussa Bakayoko, Nuamanéa, décida de construire un autre village ; c'est là que nous sommes actuellement.

(Informateur : Karamogoba Soumahoro à Koro – 3 décembre 1977).

MANKONO [ma̰kɔnɔ] ou [ma̰gɔ̰ɔ̰]

Ici aussi, nous avons pu recueillir un *tariqh* retraçant l'histoire des Fofana[10] (qu'on appelle maintenant Karamogo), venus du Mandé et fondateurs de Mankono. Nous retrouvons le même mythe d'origine de la dispersion des Mandé dans une version un peu différente de celle recueillie à Gbéma. Partis du Manding, les Fofana, accompagnés des Dosso, des Cissé et des Kamagaté, s'installèrent d'abord dans la région de Massala, près de Séguéla. Puis ils vinrent demander l'hospitalité aux Bamba installés à Léga. Ils s'installèrent définitivement à Mankono après avoir rencontré quelques difficultés avec les animistes mona, baoulé, gouro et wan qu'ils réussirent à repousser grâce à l'aide d'un marabout que le chef des Koyaga alla consulter à Djenné ; celui-ci lui indiqua un endroit situé entre une montagne rocheuse (lémissa) et un gros arbre appelé lɛ̀nge, endroit où, là, ils pourront "attendre le bonheur" (hɛ́ra màkɔnɔ). Ce fut l'origine du nom Mankono.

MININIAN [mḭniɲa̰]

Ce village, orthographié Maninian sur les cartes, fut fondé par Sereka Sangaré, esclave peul à qui Féré Mamourou Cissé avait confié la surveillance de cette région. Mamourou avait indiqué à Sereka un endroit qui devait se situer entre deux arbustes, mâle et femelle, appelés gbɛ̰̀mbe. Lorsque Sereka trouva cet emplacement, il déclara : « mḭ́ dí ɲà », ce qui signifie "ceci doit réussir"[11] , d'où le nom de Mininia. Si les chefs du canton sont toujours choisis dans la famille des Sangaré, ils doivent cependant toujours être présentés auparavant aux Cissé qui sont les chefs religieux de cette région. Le plus ancien village, Sokoro (à la frontière guinéenne), fut créé par Férémourou Cissé venu de Bakongo en Guinée, dont l'ancêtre, lui, venait de Wahad au Mali.

(Informateur : M. Mamadou Cissé, secrétaire du PCDI à Maninian, et descendant à la quatorzième génération de l'ancêtre Cissé, venu du Mali).

9 Arbre très dur (*Afromosia laxiflora*).

10 Ce *tariqh* écrit en arabe a été lu en koyagakan par Bénogo Karamogo qui en est le possesseur. Après l'avoir enregistré, nous l'avons transcrit et traduit.

11 di est un morphème de conjugaison utilisé en Guinée mais qui a disparu en folokakan.

ODIENNE [wo jɛnɛ]

A propos de la ville d'Odienné, les avis sont très partagés, autant sur la signification de ce nom que sur son fondateur. Plusieurs traditionnistes affirment que l'origine serait le terme **arìjɛnɛ** signifiant "paradis", devenu par déformation **wo jɛnɛ**, terme par lequel Vakaba Touré aurait baptisé l'endroit où il allait établir sa capitale (celle-ci allant être un "paradis terrestre" où se trouveraient sel, miel, piment, etc.). Pour d'autres, ce nom de lieu aurait existé bien avant Vakaba : il aurait été proposé par Miako Cissé à Youssouf Kamagaté, qui, après les assauts qu'il venait de subir des Sénoufo, décida d'établir un nouveau village[12], encadré par sept plaines, sept collines et sept marigots, et qui serait lui aussi un véritable "paradis terrestre" appelé comme précédemment (**arijɛnɛ/ar'jɛnɛ**, mot d'origine arabe. Kamagaté fut l'un des premiers arrivants dans cette région d'Odienné.

Pour d'autres enfin, **wo jɛnɛ** désignerait "celui de Djenné, l'homme venu de Djenné", c'est-à-dire Vakaba Touré qui, au XIXe siècle, donna un grand essor à cette région. Cette interprétation confirmerait l'origine malienne de Vakaba Touré dont les ancêtres auraient vécu à Djenné.

OUANINOU [wanɔ̰]

Ce village fut construit vers 1850, bien après l'arrivée des Diomandé, animistes et guerriers venus de Kaaba (dans le Manden) vers 1460, dans cette région occupée à l'époque par les Yakouba ; ceux-ci repoussèrent ces Manding d'abord dans une sorte d'enclos appelé **gbo** en maukakan, ce qui fut à l'origine du nom **gboka** donné aux mahous de cette région. C'est donc vers 1850 que Miavaya Diomandé, chef de famille alors très influent (on dit qu'il avait deux cents enfants) et installé à Goueko, envoya deux de ses frères, Miamakou et Miafofing, chasseurs de métier, chercher un endroit plus propice à l'installation d'un village. Un jour, ils trouvèrent un endroit entouré d'eau où convergeaient plusieurs pistes d'animaux. Cela lui plut et il décida d'établir son village à ce carrefour appelé **wánɔ̰** en maukakan (**wáá** "piste", **nɔ̃** "trace"), ce qui donna le nom de Ouaninou.

(D'après le récit de Amara Diomandé, chef de village de Ouaninou, recueilli en 1964 par le sous-préfet Kangha Ehui Jean-Baptiste).).

SAMATIGUILA [samatigila]

Ce nom signifie "celui qui est le maître des éléphants" (éléphant/qui possède/celui qui). C'est le surnom que Fodé Yahaya Sylla, venu de Tiémé, donna à un **bánmana** (c'est-à-dire un homme animiste qui ne priait pas) qui était un très grand chasseur d'éléphants et qui avait installé son campement dans ce lieu. A cet endroit, Sylla établit le village qui devint plus tard Samatiguila. Quelque temps après, les Diabi, originaires de Dyaga (ou Dyaa) au Mali, sont venus s'installer auprès des Sylla[13]. L'ancien village était situé à l'emplacement de l'actuel cimetière de Samatiguila.

(Informateur : Soumaïla Diabi, chef de village de Samatiguila).

---

[12] Leur ancien village venait d'être détruit par une guerre avec les Sénoufo.

[13] Pour plus de détails, cf. M.J. Derive, 1976b.

SARHALA [sahala] ou [saɣala]

Le premier groupe manding arrivé dans cette région fut celui des Bagayoko et des Koné, tous venus de Guinée. Ces deux clans étaient musulmans *silama*, mais ils redevinrent vite animistes. Ils s'établirent sur le territoire des Sonon, c'est-à-dire les Sénoufo de Ménéni, qui étaient alors les maîtres de la terre[14]. Le deuxième groupe fut celui des Kanaté. Feremory Kanaté installé au Manden, avec son jeune frère Feresougou, demanda à ce dernier de quitter la région afin d'éviter les disputes entre eux. Feremory lui indiqua un endroit près de la grande forêt où il trouverait une jeune fille atteinte de paralysie. C'est ainsi qu'après être passé par la Guinée (où il fonda un autre village, lui aussi appelé Sarhala), Feresougou Kanaté arriva dans un campement désert où il trouva une jeune fille paralysée et seule. Il réussit à la guérir à l'aide de ses médicaments de marabout ; les Bagayoko, pour le remercier, lui donnèrent leur fille. Avant l'arrivée des Kanaté, Sarhala s'appelait Touba [tuba] c'est-à-dire "la grande forêt". Quand l'ancêtre des Kanaté, Feresougou, après avoir reconnu les indices que son frère aîné lui avait donnés au Manden, s'installa dans le village des Bagayako, il déclara : « a! ń sáhala kō ń kɔ̀ni bɛ́ nà fɛ̰̀ kɛ́ yà̰ », c'est-à-dire "Voilà mon bonheur, en tout cas moi je ferai quelque chose ici".

Sarhala devint un village "heureux", lieu d'échange entre les habitants du Soudan (l'actuel Mali) qui apportaient le sel, et les Koyaga qui fournissaient les colas. Ensuite arrivèrent les Timité, venus de Marandala, et enfin les Bamba dont l'ancêtre Siamorifin Bamba venait de Gbèma (dans le pays Sya – cf. le siakakan). La chefferie est, aujourd'hui encore, assumée par la famille Kanaté.

(Informateur : El Hadj Bamba Kanaté, secrétaire du PDCI à Sarhala).

SEGUELA [sɛgɛla]

Les premiers occupants furent les chefs de terre. L'un d'eux serait arrivé fatigué près de son village et aurait dit : « ń sɛ̀gɛla » ("je suis fatigué"). Ainsi, le nom serait resté.

(Informateur : un élève de C.E.G. de Séguéla – avril 1976).

SEGUELON [ʃyɛgelo]

Zagbo Koné, sénoufo venu de Yeretiélé, situé au sud de Boundiali, fonda plusieurs villages dans la région : Kata, Mbèlè, aujourd'hui disparus. Il avait établi son campement à Ningbaga et de là, il envoyait son fils ʃyɛgelo surveiller ses bœufs qui allaient toujours brouter au même endroit, au pied d'une montagne. Trouvant l'endroit propice, il décida d'y transférer son village qu'il appela, du nom de son fils, ʃyɛgelo qui est un nom sénoufo. Ceci s'est pasé à une date très récente, celle de l'indépendance de la Côte-d'Ivoire, car au temps de Samori et de la pénétration européenne, les Koné avaient fui dans la montagne et n'avaient donc pas de village.

(Informateur : Amara Koné, chef de canton à Séguélon – mars 1980.).

---

[14] Sonọ est le terme par lequel les Mandé appellent les Sénoufo. Actuellement, le village de Sononso (ou Sohonzo) à l'est de Sarhala est encore habité par les Sénoufo.

SIANA [syana]

Une partie des Sylla, installés à Tiémé dans le Kabadougou, durent, à cause des guerres de Samory (XIXe siècle), quitter leur village. Il essayèrent d'abord de s'installer à Mankono où l'accueil ne fut guère chaleureux. Puis ils vinrent dans ce village que les voisins appelèrent **sila na** c'est-à-dire "chez les Sylla". Par la suite, ce nom se serait déformé en Siana. Après leur installation, les Sylla eurent sans arrêt des démêlés avec leurs voisins, les habitants des villages de Suinla et de Kaman jusqu'à ce que ceux-ci, de guerre lasse, les invitent à faire la paix et leur disent : « Dɔ̃ sɔ̃ » ("Entre dans le village") signifiant ainsi qu'ils acceptaient la cohabitation avec les Sylla. Ce nom est resté à la plupart des habitants du village de Siana.

(Informateur : Mevaly Dosso, cultivateur à Siana – avril 1976).

TIEME [cɛme]

D'après El Hadj Karamogo résidant à Tiémé, ce nom est celui d'un paysan sénoufo que les Sylla, venus de Kanitigui près de Nioro au Mali, ont chassé, à leur arrivée sur son campement, pour installer leur village selon les indications données par un marabout au Mali. D'après la tradition, donc, Tiémé serait un village plus ancien que Samatiguila, puisque ce sont les Sylla qui, partant de Tiémé, sont allés construire Samatiguila.

TIENINGBOUE [cɛ̰yɛ̰ gbɛ] ou [cɛ̰ɛ̰ gbɛ]

Les fondateurs du village sont les Kamagaté, venus du Manden lors de la grande dispersion déjà relatée précédemment, et qui est connue aussi des Koroka. Youssouf Kamagaté est de la même famille que le fondateur d'Odienné, qui fait partie de ces douze pélerins qui, revenus de La Mecque, se dispersèrent en Côte-d'Ivoire. Ces Kamagaté, avec tous ces hommes venus du Manden, se dirigèrent d'abord vers le Ghana où ils eurent maille à partir avec les Baoulé. Une partie des Kamagaté resta à Bondoukou, l'autre traversa le pays des Tagbana et revint vers la Côte-d'Ivoire. Les gens du Manden se défendaient avec tant de courage et de force que leurs ennemis les avaient surnommés **kɔ̃ro gbɛ̀lɛ** ("os dur"). C'est, d'après la tradition, ce nom qui leur est resté. Après différentes guerres avec les Baoulé dont ils adoptèrent certaines coutumes (des rites funéraires) et avec les Tagbana, les Koroka finirent par s'installer sur un endroit vierge proche du sable-blanc (cɛ̰̀yɛ̰ gbɛ̃), c'est-à-dire Tieningboué.

Selon une autre version, Youssouf Kamagaté, arrivant dans la région, trouva là un chasseur qui avait découvert un marigot (du nom de Dusukɔ) ne tarissant jamais ; il donna à cet homme le nom de **kacɛɲḭkɛbaga** ("celui qui fait de bonnes choses") qui, déformé, aurait donné Tiéningboué.

(Informateurs : Youssouf Kamagaté, imam à Tiéningboué ; Siaka Kamagaté, chef de village à Tiéningboué).

TIENKO [cɛ̰ko]

D'après la tradition, le plus ancien village serait Missamahana, situé au nord-est de Tienko près de la frontière malienne ; c'est là que se trouve une des plus anciennes mosquées en banco. Ensuite fut créé Kimbirila (qui vient du nom d'un chef sénoufo, Kimbiri, avec lequel les premiers

Manding eurent maille à partir). Ce sont les Doumbia, venus du Manden, qui, après d'âpres luttes avec Sezan Kourouma (appelé aussi Sanan Korojaman) que toutes les traditions présentent comme un tyran, installèrent et développèrent le village de Kimbirila. Plus tard, une autre branche des Doumbia, venue de Ségou en passant par la Guinée, fit appel à ceux de Kimbirila pour chasser les Sénoufo et fonder Tienko.

(Informateur : Karamogo Doumbia, chef de canton à Tienko).

WOROFLA [wö f l a]

L'ancêtre animiste Médiobo Diomandé ayant dû quitter le village de Tiéso, près de Kani, où il était installé, à cause d'une guerre (notre informateur ne nous a pas précisé laquelle) s'établit d'abord à Béréman, village situé entre Kato et Kani. Puis il refusa de rester à cet endroit, y laissa une partie de sa famille et arriva dans un endroit situé près d'un marigot où se trouvaient des feuilles de cola ; il nomma l'endroit wö̀ f l a b u r u ɸwɔ̀ ce qui signifie "marigot des feuilles de cola" (/cola/feuilles/marigot/). Ce fut l'origine de Worofla. A cette époque, le village était situé à cinq kilomètres de l'emplacement actuel de Worofla, au bord d'un marigot aujourd'hui à sec. Une branche de la famille des Bamba originaires du pays sya, ayant dû quitter Gbèma (près de Kongasso) à cause d'une guerre, s'était réfugiée à Tiéso. C'est là que les Diomandé leur demandèrent de venir les accompagner pour créer Worofla et c'est ensemble qu'ils fondèrent ce village. Actuellement, les Diomandé sont chefs de terre et les Bamba chefs de village.

(Informateurs : Mefegbé Diomandé, chef de terre coutumier, ancien chef de canton ; Va Sékou Bamba, chef du quartier Bamba, ancien chef de village de Worofla - mars 1978).

*

ANNEXE 3

INFORMATEURS et LIEUX D'ENQUETE

pour chacun des parlers étudiés

Les parlers étudiés sont donnés ici par ordre alphabétique. Ils sont suivis du numéro par lequel nous les avons quelquefois désignés tout au long du présent ouvrage, puis du nom du village (en italiques) où l'enquête s'est déroulée. Viennent ensuite le nom du ou des informateurs, suivi de quelques précisions quant à l'âge, le niveau scolaire, etc., de chacun d'eux (F indique qu'il s'agit d'une personne de sexe féminin)

BARALAKAKAN (5) – *BOOKO*

Karamogo KONÉ – 30 ans – Niveau 4ème – A toujours résidé dans son village, exception faite de trois années passées au collège.

BODUGUKAKAN (7) – *TIENKO*

Morho KONÉ – 18 ans – Niveau 3ème – A résidé dans son village jusqu'à l'âge de 15 ans.

FINANGAKAN (3) – *BOROTOU*

Vassiriki DIOMANDÉ – 11 ans – Niveau CM2 – A toujours résidé dans son village.

Moussa DOSSO – env. 50 ans – Chef de village ; y a toujours résidé.

FOLOKAKAN (8) – *MININIAN ~ MANINIAN*

Karim SIBIDÉ – 14 ans – Niveau CM2 – A toujours résidé dans son village

Seyidou SANGARÉ – 13 ans – Niveau CM2 – *id.*

Nutenen DOUMBIA (F) – 15 ans – Niveau CM2 – id.

GBELEBANKAKAN (9) – *GBELEBAN*

Mamadou TRAORÉ – 13 ans – Niveau CM2 – *id.*

Abdoulaye CISSÉ – 12 ans – Niveau CM2 – *id.*

JULAKAN (22) – *KONG*

Banassi BARRO – 26 ans – Non scolarisé – *id.*

Balémori BARRO – 18 ans – Niveau CM2 – A résidé dans son village jusqu'à l'âge de 17 ans, puis a voyagé.

KANIKAKAN (15) – *KANI*

Vamara MEITÉ – 14 ans – Niveau CM2 – A toujours résidé dans son village.

KARANJANKAN (16) – *DJIBOROSSO*

Moussa KONÉ – 15 ans – Niveau CM2 – *id.*

KOROKAKAN (4) – *KORO*

Falikou SOUMAHORO – 13 ans – Niveau 6ème – *id.*

KOROKAN (19) – *TIENINGBOUE*

Youssouf KAMAGATÉ – 12 ans – Niveau CM2 – A toujours résidé à Tieningboué (quartier Mokulaso)

KOYAGAKAN (18) – *MANKONO*

Falikou DOSSO – 14 ans – Niveau CM2 – A toujours résidé dans son village (quartier Taana de Mankono)

MAUKAKAN (2) – *GANHOUE, ABIDJAN, KOONAN*

Laminé SHERIF – 23 ans – Etudiant – A toujours résidé à Ganhoué, sauf les trois dernières années.

Moussa BAMBA – 25 ans – Originaire de Ferentella. A beaucoup vécu en Guinée. Est revenu en Côte-d'Ivoire à l'âge de 23 ans.

Machami BAMBA (F) – 12 ans – Niveau CM2 – A toujours résidé à Koonan.

NIGBIKAN (21) – *FARABA*

Konoba BAMBA – 25 ans – Non scolarisé – A toujours résidé dans son village.

Karim BAMBA – 14 ans – Niveau CM2 – *id.*

NOWOLOKAKAN (12) – *SEGUELON*

Daouda KONÉ – 25 ans – Instituteur – A toujours habité à Séguélon, exception faite de cinq années pour études.

Moussa KONÉ – 14 ans – Niveau CM2 – A toujours vécu au village, sauf une année passée à Daloa.

SAGAKAKAN (20) – *SARHALA*

Konate DOSSO (F) – 14 ans – Niveau CM2 – Née à Mankono,, a toujours résidé à Sarhala.

Abou LOBEKO – 14 ans – Niveau CM2 – A toujours résidé à Sarhala.

SIAKAKAN (17) – *KONGASSO*

Yiritè TIOTE – 30 ans – Niveau CM – A toujours résidé dans son village d'origine.

SIENKOKAN (13) – *BAKO*

Souleimane KONÉ – 15 ans – Niveau CM2 – *id.*

Lansine KONÉ – 14 ans – Niveau CM2 – *id.*

Aboubakar DOUMBIA – 14 ans – Niveau CM2 – Originaire de Kona, dans le sud de la sous-préfecture de Bako.

TENENGAKAN (1) – *GUINTEGUELA*

Mori BAMBA – 18 ans – Niveau Seconde – A vécu ailleurs que dans son village d'origine, mais quelle que soit la ville ou le village, il a toujours habité un quartier où l'on parlait sa langue.

TUDUGUKAKAN (10) – *GOULIA*

Sinali KONÉ – 13 ans – Niveau CM2 – A toujours résidé dans son village.

Jahaja KONÉ – 13 ans – Niveau CM2 – *id.*

Daouda KONÉ – 13 ans – Niveau CM2 – *id.*

VANDUGUKAKAN (11) – *GOULIA*

Gbéma KONÉ – 15 ans – Niveau CM2 – Originaire de Gouégéni, fréquentait l'école de Goulia.

Karim KONÉ – 14 ans – Niveau CM2 – Originaire de Goueya, à l'école de Goulia

WOJENEKAKAN (6) – *ABIDJAN*

Moyabi TOURÉ – 2 ans – Etudiant en Lettres – A résidé dans son village jusqu'à l'âge de 15 ans.

Alfa SAVANE – 25 ans – Etudiant – a résidé au village jusqu'à l'âge de 15 ans.

WORODUGUKAKAN (14) – *WOROFLA*

C. SOUMAHORO (F – 14 ans – Niveau CM2 – A toujours résidé dans son village.

Mamadou DOSSO – 16 ans – Niveau 4ème – *id.*

ANNEXE 4

QUESTIONNAIRES D'ENQUETE LINGUISTIQUE

1 - ENQUETE LEXICALE

UNIVERSITÉ D'ABIDJAN - I.L.A.

I. RENSEIGNEMENTS

1. ENQUETEUR
   Nom — Organisme professionnel
   Adresse(s)

2. PARLER ÉTUDIÉ
   Nom administratif — Nom usuel, transcription phonologique
   Autres dénominations : administratives, cartographiques, etc.

A. Localisation du parler :
   a) Localité (nom administratif)
   (nom usuel, transcription phonologique)
   b) Canton, chefferie, ou commune
   c) Arrondissement ou Sous-préfecture
   d) Département ou Préfecture

B. Porter sur la carte au 1/200 000e
   a) La localité du parler étudié
   b) L'aire d'extension du parler étudié

C. Le questionnaire est-il rempli sur le terrain : OUI NON

D. Si le questionnaire n'est pas rempli sur le terrain
   a) Où a-t-il été rempli ?
   b) Mode d'enquête - avec informateur
   - sans informateur
   c) Dans le cas où l'enquête est faite sans informateur, indiquer l'origine de la documentation

3. OBSERVATIONS

II. INFORMATEURS

1.

Nom Prénom(s) Age Sexe H F

Lieu de Naissance

Adresse (y compris ville et quartier)

Liens avec le milieu traditionnel :
a) A toujours résidé dans son village ou sa région d'origine
b) A quitté depuis plusieurs années son village d'origine
- mais garde des contacts avec le village
- mais réside dans le quartier urbain du milieu d'origine

Activités professionnelles

2. SCOLARITÉ

a) Ecole(s) d'enseignement général fréquentée(s) : d'Etat / catholique - protestante - coranique – Autre(s) école(s) professionnelle(s)

b) Niveau atteint : Primaire (CP, CE, CM) - Secondaire - Supérieur

3. LANGUES PARLÉES

a) Première langue parlée :
Traduire : je parle .... (nom de la langue)
Langue du père Langue de la mère

b) Autres dialectes (variantes de parlers entre lesquels il y a intercompréhension) du même parler :
Nom Village(s) ou canton(s) Nbre de locuteurs

III. MOTS ET PHRASES

1. bouche	elle a une petite bouche
2. œil / yeux	elle avait les yeux noirs
3. tête	il a une grosse tête
4. poil	ces poils sont noirs
5. dent	j'ai mal aux dents
6. langue	il s'est mordu la langue
7. nez	il se gratte le nez
8. oreille	il se lave les oreilles
9. sein	elle se lave les seins
10. bras	il a du sang sur le bras
11. griffe	j'ai peur des griffes de la panthère
12 a) jambe ; b) cuisse	a) la peau de la jambe est noire ; b) il a frappé sa cuisse
13. pied	il a de grands pieds
14. cul	elle lave le cul de son enfant
15 ventre	l'enfant a un gros ventre
16. main	il lui a pris la main
17. boyaux (intestins)	elle a enlevé tous les boyaux du poulet
18. sang	le sang est rouge
19.excrément	j'ai trouvé des excréments de chèvre
20. os	le chien mange un os

21. peau (d'animal)	il est assis sur une peau de mouton
22. blessure	il a une blessure au bras
23. aile	les hommes n'ont pas d'ailes
24. plume	cette plume est longue
25. corne	cet animal avait une seule corne
26. queue	il a tiré la queue de notre chien
27. personne, être humain, gens	il y a beaucoup de gens ici
28. homme	un homme a dansé, une femme a chanté
29. femme	mon père a trois femmes
30. épouse	cette femme est mon épouse
31. mari	je ne sais pas qui est mon mari
32. père	ton père a tué un serpent
33. mère	leur mère est morte depuis quatre ans
34. enfant	vos enfants pleurent beaucoup
35. frère	nous avons vu mon petit frère / mon grand frère
36. sœur	ma petite sœur, ma grande sœur
37. oncle maternel	j'ai vu mon oncle maternel
38. nom (≠ prénom)	il ne sait pas le nom de ma mère
39. ciel	ce soir, on ne voit pas d'étoiles dans le ciel
40. nuit	la panthère ne dort pas la nuit
41. lune	quand il y a des nuages, on ne voit pas la lune
42. étoile	cette nuit, il y a beaucoup d'étoiles
43. jour a) durée ; b)	a) il a dormi deux jours ; b) le jour se lève
44. soleil	le soleil se couche
45. orage	l'orage éclate
46. nuage	le soleil est derrière un gros nuage
47. rosée	il y a de la rosée sur l'herbe
48. pluie	la pluie est bonne pour le riz
49. a) saison des pluies b) saison sèche	a) il a beaucoup plu cette saison des pluies b) il viendra à la saison sèche
50. an	sa mère est morte depuis quatre ans
51. terre	la terre est sèche pendant la saison sèche
52. sable	il est couché sur le sable
53. pierre (petite)	il lance des pierres sur les oiseaux
54. montagne	le marigot est derrière la montagne
55. chemin	nous marchons sur le chemin
56. eau	donne-lui de l'eau
57. a) fleuve b) marigot	a) il jette une pierre dans le fleuve b) le marigot n'est pas profond
58. case	combien y a-t-il de cases dans votre village ?
59. village	il y a ... cases dans notre village
60. a) feu b) bois (à brûler)	a) tous les animaux ont peur du feu b) les femmes ont trouvé du bois
61. fumée	la fumée pique les yeux
62. cendre	les cendres étaient encore chaudes
63. saleté	il y a des saletés près de la case
64. trou	le rat va rentrer dans son trou

65. calebasse	ne casse pas la calebasse
66. couteau	qui a pris mon couteau ?
67. corde	cette corde est courte
68. a) lance, sagaie b) arc c) flèche	a) les chasseurs ont tué l'éléphant avec leur lance b) le chasseur prend son arc c) il tue la biche avec une flèche
69. guerre (combat)	les hommes partent à la guerre
70. pagne	nous avons beaucoup de pagnes
71. a) animal b) viande	a) les animaux courent vers la montagne b) c'est de la bonne viande
72. chien	les trois chiens de mon père sont méchants
73. éléphant	les éléphants vivent dans la forêt
74. panthère	la panthère a tué la chèvre
75. chèvre	la panthère a tué la chèvre
76. oiseau	les oiseaux mangent le maïs
77. tortue (de terre)	la tortue arrive lentement
78. serpent	il y a un serpent dans l'herbe
79. poisson	il y a beaucoup de poissons dans l'eau
80. cheval	les chevaux courent vers le marigot
81. mouton	mon père a dix moutons
82. vache	les vaches sont passées sur le chemin
83. pou (de tête)	les enfants ont des poux sur la tête
84. œuf	il a mangé des œufs de poule
85. a) arbre b) bâton	a) il y a un arbre près de la rivière b) j'ai jeté mon bâton au loin
86. banane (plantain)	elle fait cuire des bananes plantain
87. feuille	je brûle les feuilles sèches
88. racine	ces arbres là-bas ont de longues racines
89. herbe	il y a de l'herbe sur le chemin
90. sel (de mer)	donne-nous un peu de sel
91. a) graisse b) huile	a) j'aime manger la graisse du mouton b) elle cuit la viande avec de l'huile
92. vieux (usé)	lave ces vieux pagnes (usés)
93. nouveau	j'ai lavé mes nouveaux pagnes
94. profond	le trou est profond
95. a) gros b) grand	a) il y a une grosse pierre là-bas b) il y a un grand arbre là-bas
96. petit	je prends une petite pierre
97. large	le chemin est large
98. étroit	le chemin est étroit
99. long	cette corde est longue
100. court	cette corde est courte
101. rond	la case n'est pas ronde
102. lourd	c'est une lourde pierre

103. plein	la calebasse est pleine d'eau
104. sec	la terre est sèche
105. pourri	la viande est pourrie
106. bon a) au goût ; b) gentil	a) ce poisson est bon ; b) cet homme est bon
107. mauvais a) au goût ; b) méchant	a) ce poisson est mauvais ; cet homme est mauvais
108. froid	cette eau-ci est froide
109. chaud	cette eau-là est chaude
110. a) faim ; b) soif	a) l'enfant a faim ; b) l'enfant a soif
111. noir	la terre de ces montagnes là-bas est noire
112. blanc	le chien blanc dort
113. rouge	le sang des serpents est rouge
114. un, premier	un poisson et deux oiseaux ; le premier jour de la semaine
115. deux, deuxième	deux hommes et une femme ; le deuxième mois de l'année
116. trois, troisième	trois enfants et deux chiens ; il est le troisième frère de mon père
117. quatre	quatre bâtons et trois pierres
118. cinq	cinq chevaux et quatre poissons
119. six	six serpents et cinq chiens
120. sept	sept poissons et six chiens
121. huit	huit hommes
122. neuf	neuf enfants
123. dix	dix femmes
124. douze	douze œufs
125. quinze	quinze poissons
126. vingt	vingt œufs
127. trente	trente enfants
128. cent	cent œufs
129. mille	mille moutons
130. venir	tu viendras avec lui
131. envoyer qq'un en commission	j'ai envoyé l'enfant prendre de l'eau
132. marcher	il marchait en chantant ; il marche sur le chemin
133. courir	les enfant couraient, dansaient et riaient
134. tomber	l'homme est tombé de l'arbre
135. a) partir ; b) arriver	il est parti quand tu es arrivé
136. voler (oiseau)	ce sont les oiseaux qui volent, pas les poissons
137. verser	la femme verse de l'eau dans la calebasse
138. lutter	ils ne luttent pas, ils jouent
139. frapper	elle a frappé l'enfant
140. mordre	le chien a mordu l'enfant
141. a) gratter ; b) se gratter	a) l'animal gratte la terre
142. a) frotter ; b) se frotter	b) il se frotte la jambe
143. a) laver b) se laver	elle lave ses pagnes ; elle se lave au marigot

144. a) couper b) fendre	a) il a coupé la tête du serpent b) j'ai fendu du bois (à brûler)
145. lier, attacher	il a attaché ses pieds
146. a) prendre ; b) donner	a) prends ces douze œufs ; b) donne-moi ces douze œufs
147. a) chercher ; b) trouver	a) il cherche son couteau ; b) il a trouvé son couteau
148. voler (dérober)	il a volé nos chèvres
149. presser	l'enfant presse son sein
150. tresser	elle tresse les cheveux de sa petite sœur
151. chasser	ils sont partis chasser l'éléphant
152. a) cultiver b) planter c) enterrer	a) il cultive (le manioc, le riz, le taro, son champ, ...) b) il plante (un piquet, ...) c) il enterre (le cadavre, ...)
153. préparer (cuire) la nourriture	mon épouse a cuit la nourriture
154. brûler	j'ai brûlé l'herbe
155. manger	ces gens-là ne mangent pas de tortue
156. boire	nous boirons de l'eau
157. vomir	il vomissait tout ce qu'il avait mangé
158. sucer	ne suce pas cet os
159. cracher	il crachèrent tous par (sur la) terre
160. a) souffler ; b) respirer	a) il souffle sur le feu ; b) il respire avec force
161. enfler	ses jambes et ses bras enflent
162. accoucher	sa mère a accouché de jumeaux
163. a) s'asseoir ; b) être assis	a) assieds-toi là-bas ; b) il l'a fait asseoir par terre
164. a) se lever ; b) être debout	a) lève-toi ; b) les uns sont debout, les autres sont assis
165. a) se coucher ; b) dormir	il est couché mais il ne dort pas
166. mourir	l'enfant va mourir si elle ne mange pas ; tous les moutons sont morts l'année dernière
167. tuer	l'homme (l'être humain) tue les animaux pour les manger
168. jeter	ils jettent les saletés dans le trou
169. lancer	il a lancé sa lance très loin
170. pousser	ils poussent la voiture
171. tirer	je tire sur la corde de la chèvre
172. chanter	les femmes ont chanté toute la nuit
173. danser	les hommes ont dansé toute la nuit
174. jouer	les enfants jouent derrière la maison
175. rire	je vous (*plur.*) entends rire
176. pleurer (avec des larmes)	il pleure parce que sa mère l'a frappé
177. souffir, avoir mal	j'ai mal à la tête
178. avoir peur	il a très peur des serpents
179. a) vouloir b) désirer c) aimer	a) il veut de la nourriture b) il désire une femme c) il aime beaucoup son enfant
180. dire	ton père a dit : "ne danse pas" ; je n'entends pas ce que tu dis ; je dis que j'ai mal au pied

181. a) voir ; b) montrer	a) il a été vu par son père ; b) montre-moi ta case
182. entendre	j'entends les femmes chanter
183. sentir	les chiens ont senti la viande
184. savoir	est-ce que vous savez qui a acheté le mouton ?
185. compter	j'ai compté les œufs
186. je	je suis venu (et je suis encore là)
187. tu	tu es venu (et tu es encore là)
188. a) il ; b) elle	il/elle est venu(e) (et il/elle est encore là)
189. nous (*duel, inclus., exclus.*)	nous sommes venus (et nous sommes encore là)
190. vous (*duel, inclus., exclus.*)	vous êtes venus (et vous êtes encore là)
191. ils (*duel, inclus., exclus.*)	ils sont venus
192. qui ?	qui est-ce ?
193. quoi ?	qu'est-ce que tu manges (tu manges quoi ?)
194. quand ?	quand viendras-tu ?
195. comment, de quelle façon ?	comment laves-tu tes habits ?
196. combien	combien as-tu d'enfants ?
197. pourquoi ?	pourquoi pleures-tu ?
198. est-ce que ?	est-ce que tu vois cet homme-là ?
199. où ?	où est ma chèvre ?
200. ici	il dort ici (tout près)
201. là	il est assis là-bas (au loin)
202. a) vers (*direction*) b) de (*provenance*)	a) elle court au marigot b) elle vient du marigot
203. dans	il y a de l'eau dans le marigot
204. derrière	je marche derrière lui ; il est assis derrière la case ; le soleil est derrière un gros nuage
205. près	il est près du feu
206. loin	c'est loin d'ici
207. droite	c'est à droite
208. gauche	il y a un arbre à gauche de la maison
209. avec	frappe le chien avec ton bâton
210. ne ... pas	ne pleure pas
211. parce que	j'ai ri parce que tu étais tombé
212. si	s'il vient, je pars
213. ceci	ceci est à moi, cela est à toi
214. cela, ça	ne mange pas ça
215. autre (différent)	ces poissons sont pourris, donne-m'en d'autres
216. tous	je les connais tous (ces hommes)
217. beaucoup	nous avons bu beaucoup d'eau
218. fer	
219. maïs	
220. cauris	

2 - ENQUETE GRAMMATICALE

. Nom du parler . Informateur
. Lieu et date de l'enquête

I. LES PRONOMS

I.1. PERSONNELS (SUJET) – Je mange du riz – Tu manges du riz – Il mange du riz – Nous mangeons du riz – Vous mangez du riz – Ils mangent du riz

I.2. (EN PARLANT DE QUELQU'UN) – J'ai dit qu'il était grand

I.3. PERSONNELS (OBJET) – Il me connaît – Il te connaît – Il est venu le frapper – Il est venu nous frapper – Il est venu les frapper

I.4. PERSONNELS EMPHATIQUES – C'est moi qui vais venir – C'est toi qui vas venir – C'est lui qui va venir – C'est nous qui allons venir – C'est vous qui allez venir – Ce sont eux qui vont venir

I.5.1. LA POSSESSION – Mon mouton, ma mère – Notre mouton, nos moutons – Leur mouton

I.5.2. C'est le mien – C'est le tien – C'est le sien – C'est le nôtre – C'est le vôtre – C'est le leur

I.6. RÉFLÉCHIS – Je me lave – Tu te laves – Moussa se lave – Vous vous lavez

I.7. DÉMONSTRATIFS – Celui-ci est un forgeron – Ceux-ci sont des griots

I.8. RELATIF – La femme qui est venue est la mère de Moussa

I.9. INTERROGATIF – (cf. 31, 192, 193 du Questionnaire n° 1

II. MODALITES NOMINALES

II.1. SPÉCIFIQUE – C'est une femme – C'est la femme

II.2. PLURALISATEUR – J'attends des femmes – J'attends les femmes – J'ai vu trois femmes – J'ai vu les trois femmes

II.3. AVEC DÉTERMINANTS – J'ai rencontré certains hommes, les uns sont blancs, d'autres sont noirs – C'est le couteau que j'ai acheté – Ce sont les pagnes que j'ai achetés

III. LA DERIVATION NOMINALE

Un laveur (agent) – Un marcheur – La salutation (action de —) – Un siège (instrumental) – Une grosse femme (augmentatif) – Une petite femme (diminutif) – Un fou (patient) – Les gens de Kong (originaire de —) – La méchanceté (le fait d'être —) : il est devenu méchant ; le fait d'être dioula – Noir/blanc (détermination) : j'ai pris la chemise noire, pas la blanche – Un mal-poli (privatif) – Une femme stérile (privatif) – Le fait de ne pas saluer.

IV. SYNTAGME COMPLETIF

Le chien de Moussa – La main de Moussa – Un nom de femme – Le nom de la femme.

V. PREDICATIF ADJECTIVAL

V.1. – Il est grand / Il n'est pas grand

V.2. – Il est léger / Il n'est pas léger

V.3. – Il est lourd / Il n'est pas lourd

V.4. – Le boubou est large / Le boubou n'est pas large

V.5. – L'arbre est petit / l'atrbre n'est pas petit

V.6 – Le prix est cher

V.7. – L'oreiller est mou

V.8. – Le fruit est agréable

V.9. – Le comprimé est amer

V.10. – Le puits est profond

V.11. – Le bâton est court

V.12. – Cet homme est bon

V. 13. – Cet homme est méchant

V.14. – Cet homme est dangereux

V.15. – La cuvette est pleine

VI. PREDICATIFS NON VERBAUX

VI.1. D'IDENTIFICATION – C'est une femme – Ce n'est pas une femme

VI.2. – Tu es dioula – Tu n'es pas dioula – Je suis Sékou – Moussa est forgeron

VI.3. DE SITUATION – Sékou est dans le village – Sékou n'est pas dans le village – Elle pile le mil (elle est dans le pilage du mil)

VII. PREDICATIFS VERBAUX

VII.1. PRÉSENT

VII.1.1. VALEUR DE PROGRESSIF – Les Dioula sont en train de manger du riz – Les Dioula ne sont pas en train de manger du riz

VII.1.2. VALEUR D'HABITUEL – Les Dioula mangent du riz tous les jours – Les Dioula ne mangent pas de riz tous les jours

VII.2. EVENTUEL (FUTUR) – Il partira ≠ Il ne partira pas – Quand il pleuvra, on plantera le riz – Où vas-tu partir ? – Je vais te frapper

VII.3. ACCOMPLI – Il est venu hier ≠ Il n'est pas venu hier – Il a mangé du riz hier ≠ Il n'a pas mangé de riz hier – Il vient de partir – Il vient de finir le riz – Il est parti il y a dix ans ≠ Il n'est pas parti il y a dix ans – Il a acheté une voiture il y a dix ans ≠ Il n'a pas acheté de voiture il y a dix ans

VII.4. INACTUEL – Il était venu l'année dernière – Il n'était pas venu l'année dernière

VII.5. SIMULTANEITE – Elle chante en pilant – Elle est partie en courant – J'ai vu des chevaux passer

VII.6. INFINITIF – Piler est un travail de femme – Se laver est une bonne chose

VII.7. INJONCTIF – Je veux que Sékou vienne mais que sa femme ne vienne pas – J'ai demandé à Moussa de ne pas venir

VIII. CIRCONSTANTS

VIII.1. – Il est parti à Touba

VIII.2. – Il est venu hier

VIII.3. – Toutes les nuits, il se lève

VIII.4. – Je vais au marché – Il a faim (la faim est sur lui) – Je l'ai dépassé – Je lui ai demandé de l'argent – j'ai accepté ça (de lui)

VIII.5. – Il est parti vers le village – Il est resté chez la femme – Il est resté avec la femme – Pars par ce chemin

VIII.6. – J'ai donné le couteau à Moussa – Il l'a jeté par terre

VIII.7. – Il a dit ça à Moussa

VIII.8. – Il est venu avec Moussa

ANNEXE 5

CONSONNES et VOYELLES du WORODUGUKAKAN

par P. GINGISS et Y. KEITA

1. SYSTEME CONSONANTIQUE

a) par P. GINGISS (1973)

	Bilabial	Alveolar	Palatal	Velar	Labiovelar	Glottal
Voiceless stops		t	č	k		
Voiced stops	b	d	ǰ	g	gb	
Fricatives	ɸ f	s	š			h
Nasals	m	n		ŋ		
Sonorants		r l	y		w	

b) par Y. KEITA (1976)

		Labiales	Alvéolaires	Palatales	Vélaires	Labio-vélaires
Occlusives	sourdes	p	t	c	k	kp
	sonores	b	d	j	g	gb
Nasales		m	n	ɲ	ŋ	ŋg
Fricatives	sourdes	f	s	ʃ		
	sonores	v	z			
Fricatives larges		ẅ w	l	j		

Fricatives hors-syst.	ʁ h

2. SYSTEME VOCALIQUE

a) par P. GINGISS (1973)

Voyelles orales			Voyelles nasales		
i	ü	u	ḭ		ṵ
e	ö	o		ö̰	o̰
ɛ	œ	ɔ	ɛ̰		ɔ̰
	a			a̰	

b) par Y. KEITA (1976)

Voyelles orales			Voyelles nasales		
i	ü	u	ḭ	ṵ̈	ṵ
e		o	ḛ		o̰
ɛ		ɔ	ɛ̰		ɔ̰
	a			a̰	

APPENDICE 1

SÉRIES COMPARATIVES

Les listes des formes ci-après ne constituent pas un vocabulaire comparé des parlers manding de Côte-d'Ivoire ; elles n'ont d'autre objet que d'illustrer les correspondances relevées dans ces parlers et de justifier certaines reconstructions que nous avons cru pouvoir opérer. La présentation adoptée suit le plan de l'exposé de la comparaison, des consonnes d'abord, puis des voyelles selon les points d'articulation ; ce parti-pris dans la présentation explique la répétition de certaines séries utilisées pour l'une ou l'autre comparaison. La totalité des matériaux recueillis ne figure donc pas dans ces appendices.

. Les items sont transcrits selon l'Alphabet Phonétique International avec les modifications suivantes :

ü = y ; **ö** = ø ; **y** = j ; **j** = ɟ ; **ẅ** = ɥ

. Deux mots séparés par un point forment un nom composé

. ~ sépare deux variantes, ou deux transcriptions différentes

. N + **n ḭ** = Nominal + **n ḭ**

. Les verbes sont cités à l'infinitif, sans le morphème spécifique de l'infinitif.

a. - CORRESPONDANCES ENTRE LES PARLERS MANDING DE COTE-D'IVOIRE D'UN POINT DE VUE *CONSONANTIQUE*

Position initiale

Labiales : **b / b - m / m - m / n - f / f**

Alvéolaires : **t / t - d / d - d / l - d / j - l / l - n / n - n / ɲ - s / s - s / ʃ**

Palatales : **c / ʃ y / ky / k - j / j - y / j - j / y - ɲ / ɲ**

Vélaires : **k / k - k / g - k / ng - k / c - k / ɸ - w / w**

Labio-vélaires : **gb / gb - gb / b - gb / g**

Position intervocalique

Labiales : VmV - VmV/V̰V̰/V̰ - VmV/VwV - VmV/VmbV - VbV/VwV

Alvéolaires : VfV/VvV/VwV/VŋV - VtV/VrV/VV - VtV/VtV - VlV/VrV/VyV/VV/V - VlV/VrV/V{y /w}V/VV - VrV/VrV/V{y /w}V/VV/V - VnV/VnV/V̰V̰ - VnV/VnV/V̰V̰/V̰ - VnV/VrV/V̰V̰/V̰/V - VsV/VsV/VʃV

Palatales : VɲV/VɲV

Vélaires : VgV/VɣV/VʁV/VʔV/VV - VgV/VgV/VyV/wV/VV

POSITION INITIALE

Labiales

	b/b						m/m			
	10 "bras, main"	37 "oncle maternel"	57a "fleuve"	62 "cendre"	89 "herbe"	134 "tomber"	27 "personne"	66 "couteau"	156 "boire"	182 "entendre"
1. Tenengakan	bő	bɛ́ɛ́njɛ́	bá	bùlù	bḭ́	bè	mɔ̰̀ɔ̰̀	mùù	mḭ̣̀	mɛ̰́
2. Maukakan	ɓóó	ɓɛ́ɛ́njɛ́	ɓá	bùùlù	bḭ́ŋ	bè	mɔ̰̀ɔ̰̀	mùùŋ	mḭ̀	myɛ̰́
3. Finangakan	bőő	béḭ́jɛ́	bá	bùùlì	bḭ́	byè	mɔ̀ɔ̀	mùrù	mḭ̀	myɛ̰́
4. Korokakan	bőő	béḭ́jɛ́	bá	bùùlì	bḛ́	bè	mɔ̰̀ɔ̰̀	mù̂ù̂	mḭ̀	mɛ̰́
5. Baralakakan	bőőká	béḭ́^{n}jɛ́	bá	bùùlì	bḭ́	byè	mɔ̰̀ɔ̰̀	mȍȍ	mḭ̀	myɛ̰́
6. Wojenekakan	bóró	bérḭ́jɛ́	bá	bùgùrì	bḭ́	bḭ́	mɔ̀gɔ́	mùrú	mḭ́	myɛ̰̂
7. Bodugukakan	bóló	bérínjɛ́	bá	bùgùrì	bḭ́	bì	mɔ̀ɣɔ̀	mùrù	mḭ̀	myɛ̰̂
8. Folokakan	bóló	bérínjɛ́	bá	bùùrì	bḭ́	bḭ̀	mɔ̀ɔ̀	mùrú	mḭ́	mɛ̰̂
9. Gbelebankakan	bóló	bérḭ́jɛ́	bá	bùùrì	bḭ́	bḭ́	mɔ̀ɔ̰́	mùrù	mḭ́	mɛ̰̂
10. Tudugukakan	bóló	bérḭ́jɛ́	bá	bùùrì	bḭ́	byé	mɔ̀ɣɔ́	mùrú	mḭ́	myɛ̰̂
11. Vandugukakan	bóló	bérḭ́jɛ́	bá	bùùrì	bḭ́	bì	mɔ̀ʔɔ̀	mùrù	mḭ̀	mɛ̰́
12. Nɔwolokakan	bóló	bérḭ́jɛ́	bá	bùgùrì	bḭ́	byé	mɔ̀ɣɔ̀	mùrù	mḭ́	myɛ̰̂
13. Sienkokakan	bóró	bérḭ́jɛ́	kʷɔ̀bá	bùgùlì	bḭ́	byé	mɔ̀ɣɔ́	mùrú	mḭ́	lámyɛ̰̂
14. Worodugukakan	bwő	bíyɛ̰jɛ́ ~ béɛ̰jɛ́	bá	bùʁùlù	bḭ́	bè	mɔ̀ʁɔ̀ ~ mɔ̀ɔ̀	mù̂	mḭ̀	mɛ̰́
15. Kanikakan	bró	bɛ́í^{n}jɛ́	bá	bùùlì	bḭ́	bè	mɔ̀ɣɔ̀	mùrù	mḭ̀	mɛ̰́
16. Karanjankan	bóró	bɛ́ḭjɛ́	bá	bùgùì	bḭ́	bè	mɔ̀gɔ̀	mùrù	mḭ̀	mɛ̰́
17. Siakakan	bóró	béḭ́^{n}jɛ́	bá	bùgùlù	bḭ́	bè	mɔ̀ɣɔ̀	mùrù	mḭ̀	mɛ̰́
18. Koyagakan	bró ~ bóó	bɛ̰́ıjɛ́	bá	bùgùlù	bḭ́	bɛ̰̀	mɔ̀ʁɔ̀	mùrù	mḭ̀	mɛ̰́
19. Korokan	bóró	báɲɛ́	bá	bùgùlì	bḭ́	bɛ̰̀	mɔ̀ʁɔ̀	mùrù	mḭ̀	mɛ̰́
20. Sagakakan	bóró ~ bró	bɛ́i^{n}yɛ́	bá	bùgùì	bḭ́	bɛ̰̀	mɔ̀ʁɔ̀	mùrù	mḭ̀	mɛ̰́
21. Nigbikan	bró	béí^{n}yɛ́	bá	bùgùyì	bḭ́	bɛ̰̀	mɔ̀ʁɔ̀	mùrù	mḭ̀	mɛ̰́
22. Jula de Kong	bóró	bélíɲɛ́	bá	bùgùrì	bḭ́	bɛ̰̀	mɔ̀ʁɔ̀	mùrù	mḭ̀	myɛ̰́
23. Jula véhiculaire	bóló	bélḭjɛ́	bá	bùgùrì	bḭ́	bɛ̰̀	mɔ̀gɔ̀	mùrù	mḭ̀	mɛ̰́

Labiales (suite)

	m/n	f/f					
	82 "vache"	65 "calebasse"	70 "pagne"	87 "feuille"	157 "vomir"	168 "jeter"	180 "dire"
1. Tenengakan	nìsì	fyɛ́	fànì	flábúú	fɔ́nɔ̰́	làfìì	fɔ́
2. Maukakan	nìsì	fyɛ́	fàànì	fyábúú	fɔ̰́ɔ̰́	làfìì	fɔ́
3. Finangakan	mìsì	fyɛ́	fàɣànì	flabű̋rű̋	fʷɔ̰́nɔ̰́	frì	fà
4. Korokakan	nìsìmùsò	fyɛ́	fàànì	féábű̋ű̋	fɔ̰́nɔ̰́	láfìì	fɔ́
5. Baralakakan	mìʃì	fyɛ́	fàɣànì	flábúrú	fʷɔ̰́nɔ̰́	fìì	fɔ́
6. Wojenekakan	mísǐ ~ ndísǐ	fyɛ́	fáɣánǐ	flàbúrú	fɔ̀nɔ̰̀	ràfírí	fɔ̀
7. Bodugukakan	mìsì	sɛ́	fànì	fílábúlú	fɔ́nɔ̰́	fìlì	fɔ́
8. Folokakan	mísǐ	fɛ́	fánǐ	flàbrú	fɔ̀nɔ̰̀	làfílí	fɔ̀
9. Gbelebankakan	nísǐ	fɛ́	fánǐ	flàbrú	fɔ̀nɔ̰̀	làfílí	fɔ̀
10. Tudugukakan	míʃǐ	ʃyɛ́	fànǐ	flàbúrú	fɔ̀nɔ̰̀	fílí	fɔ̀
11. Vandugukakan	mìʃì	ʃyɛ́	fìnì	flábúrú	fɔ̰́lɔ́	fìlì	fɔ́
12. Nɔwolokakan	míʃǐ	fyɛ́	fánǐ	flàbúrú	fɔ̀nɔ̰̀	làfíí	fɔ̀
13. Sienkokakan	ndíʃǐ	fíyɛ́	fánǐ	flàbúrú	fɔ̀nɔ̰̀	làfírí	fɔ̀
14. Worodugukakan	ndìsìmùsò	ʃyɛ́ ~ fyɛ́	fàʁànì	féábű̋	fɔ̀nɔ̰̀	fìì	fɔ́
15. Kanikakan	ndìsì	ʃyɛ́	fànì	flábrú	fɔ́nɔ̰́	fìrì	fɔ́
16. Karanjankan	ndìʃìmùsò	ʃyɛ́	fànì	flábúrú	fɔ́nɔ̰́	fìrì	fɔ́
17. Siakakan	ndìsì	fyɛ́	fànì ~ bɛ̀ɛ̀gbɛ́	flábúlú	fɔ́nɔ̰́	fìlì	fɔ́
18. Koyagakan	ndìsì	fẅɛ́	fànì	frábúrú	fɔ́ɔnɔ̰́	fìì	fɔ́
19. Korokan	nìsì	fyɛ́	fà̰	flábúrú	tɛ́sɛ́	fìrì	fɔ́
20. Sagakakan	ndìsì	fyɛ́	fànì	fárábúlú	ɸʷɔ́ɔ́nɔ̰́	frì	fɔ́
21. Nigbikan	nìsìmùsò	fyɛ́	fànì	flábúrú	fɔ́nɔ̰́	fìrì	fɔ́
22. Jula de Kong	mìsìmùsò	fyɛ́	fànì	fílábúrú	fɔ́ɔnɔ́	fìrì	fɔ́
23. Jula véhiculaire	mìsì	flɛ̰́	fànì	flábúrú	fɔ́ɔ́nɔ̰́	fìrì	fɔ́

Alvéolaires	t / t						d / d			
	38 "nom"	44 "soleil"	68a "lance"	91b "huile"	144a "couper"	174 "jouer"	106 "bon"	170 "pousser"	177 "souffrir"	195 "comment"
1. Tenengakan	tɔ́ɔ́	tèè	tàmà	tʊ̈́ʊ̈́	tìgɛ̀	tɔ̈́ɔ̈́ kɛ́	dí	síí...má	díí	dì
2. Maukakan	tɔ́ɔ́	tèè	tàmà	tʊ́ʊ́	tɛ̀ɛ̀	tɔ̰́ɔ̰́ kɛ́	dí	dḭ́ḭ́	dḭ́ḭ́	díì
3. Finangakan	tɔ́ɣɔ́	tèè	tàmbà	trʊ́	tɛ̀gɛ̀	tɔ́rɔ̰́ kɛ́	dí	dḭ́ḭ́	nʊ́ʊ́	dì
4. Korokakan	tɔ́ɔ́	tìì ~ tèè	tàmà	tʊ̈́ʊ̈́	tìgɛ̀	tʊ̈́ɔ̰́ kɛ́	dí	dḭ́ḭ́	díí	dì
5. Baralakakan	tɔ́ɔ́	tèrè	tàmbà	tʊ́rʊ́	tɛ̀gɛ̀	tɔ̈́ɔ̰́ kɛ́	dí	dígí	dímí	dì
6. Wojenekakan	tɔ́ɣɔ́	tèré	tà̰mbà	tʊ́rʊ́	tɛ́gɛ́	tɔ́rɔ̰́ kɛ̀	dì	dìgḭ̀	dìmì	dí
7. Bodugukakan	tɔ́ɣɔ́	tèlè	tàmà	tʊ́lʊ́	tìgɛ̀	tɔ́rɔ̰́ kɛ́	ɲì	dígḭ́	dímí	dì
8. Folokakan	tɔ́ɔ́	tèlé	tàmǎ	tʊ́lʊ́	tɛ́ɛ́	tɔ́lɔ̰́ gɛ̀	dì	dḭ̀ḭ̀	dìmì	dí
9. Gbelebankakan	tɔ́ɔ́	tèlé	tàmǎ	tʊ́lʊ́	tɛ́ɛ́	tɔ́lɔ̰́ gɛ̀	ɲì	dìḭ̀	dìmì	dí
10. Tudugukakan	tɔ́ɣɔ́	tèlé	tàmbǎ	tʊ́lʊ́	tɛ́gɛ́	tɔ́lɔ̰́ kɛ̀	dì	dìgì	dìmì	dì
11. Vandugukakan	tɔ́ʔɔ́	tèlè	tàmà	tʊ́lʊ́	tìgɛ̀	tɔ́lɔ̰́ kɛ́	dí	díʔí	dímí	cɔ́ɔ́ dʊ̀mɛ́ ná
12. Nɔwolokakan	tɔ́ɣɔ́	tèlé	tàmbǎ	tʊ́rʊ́	tɛ́gɛ́	tɔ́lɔ̰́ kɛ̀	dì	dḭ̀gì	dìmì	dí
13. Sienkokakan	tɔ́ɣɔ́	tèré	tàmbǎ	tʊ́rʊ́	tɛ́gɛ́	tɔ́lɔ̰́ kɛ̀	dì	dìgḭ̀	dìmì	dì
14. Worodugukakan	tɔ́ʁɔ́	tyè ~ tʊ̀è	tà̰mà	tʊ̈́	tɛ̀gɛ̀	tʊ̈́ɔ̰́ kɛ̀	dí	dígí	dḭ́gḭ́	dì lè
15. Kanikakan	tɔ́ɣɔ́	trè	tàmbà	trʊ́	tɛ̀gɛ̀	tɔ́rɔ̰́ kɛ́	dí	dḭ́gí	dímí	dì lè
16. Karanjankan	tɔ́ɣɔ́	tèrè	tàmà	tʊ́rʊ́	tɛ̀gɛ̀	tɔ́rɔ̰́ kɛ́	dí	dígḭ́	dḭ́gḭ́	dì
17. Siakakan	tɔ́ɣɔ́	tèrè	tàmà	tʊ́rʊ́	tɛ̀ɣɛ̀	tɔ́rɔ̰́ kɛ́	dí	dígí	dímí	dì lè
18. Koyagakan	tɔ́ʁɔ́	tèrè	tàmà	tʊ́rʊ́	tɛ̀gɛ̀	tɔ́rɔ̰́ kɛ́	dí	dígí	dímí	dì lè
19. Korokan	tɔ́ʁɔ́	tèrè	tàmà̰	tʊ́rʊ́	tɛ̀gɛ̀	tɔ́rɔ̰́ kɛ́	ɲì	dígí	dímí	dì lè
20. Sagakakan	tɔ́ʁɔ́	tèrè	tàmbà	tʊ́rʊ́	tɛ̀gɛ̀	tɔ́rɔ̰́ kɛ́	dí	dígí	dímí	dì yè
21. Nigbikan	tɔ́ʁɔ́	tèrè	tà̰bà	tʊ́rʊ́	tɛ̀gɛ̀	tɔ́rɔ̰́ kɛ́	dí	dígí	dímí	dì yè
22. Jula de Kong	tɔ́ʁɔ́	tèrè	tàmbà	tʊ́rʊ́	tìgɛ̀	tɔ́rɔ̰́ kɛ́	dí	dígí	dímí	dì lè
23. Jula véhiculaire	tɔ́ʁɔ́ ~ tɔ́gɔ́	tlè	bìyɛ̰̀ (objet pointu)	tʊ́rʊ́	tìgɛ̀	tɪ́ɔ̰́ kɛ́	dí	dígí	dímí	dì

Alvéolaires
(suite)

	d / l					d / j		
	1 "bouche"	51 "terre"	98 "étroit"	155 "manger"	173 "danser"	34 "enfant"	64 "trou"	155 "manger"
1. Tenengakan	dá	dùù	dɔ́ɔ́	lɔ́ɣɔ́	dɔ̰̀ kɛ́	déŋ	dìyà̰	lɔ́ɣɔ́
2. Maukakan	lá	lùù	lɔ́ɔ́	lɔ́ɔ́	lɔ̰̀ŋ kɛ́	dyéŋ	gyà̰ ~ jà̰	lɔ́ɔ́
3. Finangakan	dá	dùùkrɔ̀	lɔ́ɣɔ́	nṵ́ṵ́	jɔ̰́ kɛ́	jḛ́ŋ	dùù	nṵ́ṵ́
4. Korokakan	lá	dùùkwɔ̀̃	lɔ́ɔ́	lóɣó	lɔ̰́ kɛ́	jḛ́ŋ	jàà	lóɣó
5. Baralakakan	lá	dùù	lɔ́ɔ́ ~ lɔ́ɣɔ́	núú	jɔ̰̀ kɛ́	jḛ́ŋ	dùù	núú
6. Wojenekakan	dá	dùgú	dɔ̀gɔ̀	dɔ̰̀	dɔ̰̌ kɛ̀	dḛ́	dḭ́ŋɛ̀	dɔ̰̀
7. Bodugukakan	dá	dùgùkɔ̀lɔ̀	dɔ́ɣɔ́	dɔ̰́	dɔ̰́ kɛ̀	dḛ́	jìɲà	dɔ̰́
8. Folokakan	dá	dùú	dɔ̀ɔ̀ ~ dɔ̀ɣɔ̀	dɔ̰̀	dɔ̰̌	dḛ́	díyɛ̰̀	dɔ̰̀
9. Gbelebankakan	dá	dùúkɔ̀lɔ̀	dɔ̀ɔ̀	dɔ̰̀	dɔ̰̌	dḛ́	díŋɛ̀	dɔ̰̀
10 Tudugukakan	dá	dùgúkɔ̀lɔ̀	dɔ̀ɣɔ̀	dɔ̰̀	dɔ̰̌ kɛ̀	dḛ́	jígà̰	dɔ̰̀
11. Vandugukakan	dá	dùʔúkɔ̀lɔ̀	dɔ́ʔɔ́	bmɔ̰́	dɔ̰̀ kɛ́	dḛ́	dnà̰	bmɔ̰́
12. Nɔwolokakan	dá	dùgúkɔ̀rɔ̀	dɔ̀ɣɔ̀	dɔ̰́	dɔ̰̌ kɛ̀	dḛ́ṵ́	jígà̰	dɔ̰́
13. Sienkokakan	dá	dùgúkɔ̀rɔ̀	dɔ̀ɣɔ̀	dɔ̰̀	dɔ̰̌ kɛ̀	dḛ́	dḭ̀gà	dɔ̰̀
14. Worodugukakan	dá	dùgù ~ dùù	dɔ́ʁɔ́	dwœ́	dɔ̰́ kɛ́	dḛ́ ~ dé	gyèà̰	dwœ́
15. Kanikakan	dá	dùù	dɔ́ʁɔ́	dwɔ́	dɔ̰̀ kɛ́	dḛ́	jà̰ɣà	dwɔ́
16. Karanjankan	dá	dùgù	dɔ́ʁɔ́	dɔ̰́	dɔ̰̀ kɛ́	dḛ́ ~ dé	jɛ̰̀gà	dɔ̰́
17. Siakakan	dá	dùgù	N + nḭ	dɔ́	dɔ̰̀kɔ̀ kɛ́	dḛ́	jà̰ɣà	dɔ́
18. Koyagakan	dá	dùù	dɔ́ʁɔ́	jɔ́	dɔ̰̀ kɛ́	dḛ́	jà̰ʁà	jɔ́
19. Korokan	dá	dùgù	dɔ́ʁɔ́	dɔ̰́	dɔ̰̀ kɛ́	dḛ́	jà̰ʁà	dɔ̰́
20. Sagakakan	dá	dùgù	dɔ́ʁɔ́	dɔ́	dɔ̰̀ kɛ́	dḛ́	jà̰ʁà	dɔ́
21. Nigbikan	dá	dùgùkɔ̀rɔ̀	dɔ́ʁɔ́	dɔ̰́	dɔ̰̀ kɛ́	dḛ́	jà̰ʁà	dɔ̰́
22. Jula de Kong	dá	dùgùkɔ̀rɔ̀	dɔ́ʁɔ́	dómú	dɔ̰̀ kɛ́	dḛ́	dḭ̀gà	dómú
23. Jula véhiculaire	dá	dùgù ~ dùgùkɔ̀lɔ̀	dɔ́ʁɔ́	dómú	dɔ̰̀ kɛ́	dḛ́	dḭ̀gà	dómú

Alvéolaires
(suite)

	1/1				n/n			
	42 "étoile"	118 "cinq"	165 "se coucher"	184 "savoir"	7 "nez"	63 "saleté"	117 "quatre"	218 "fer"
1. Tenengakan	lòlòdḛ́	lő̃ő	là	lɔ̰́	nṵ́	nɔ̰́ɔ̰́ ~ ɲàmà	nɛ́ḭ	nɛ̀gɛ̀
2. Maukakan	lòɗyɛ̀	lóó	lá	lɔ̰́	nṵ́ŋ	ɲàmà	náaní ~ nɛ́ḭ	nɛ̀ɛ̀
3. Finangakan	lȍlȍ	lőőrú	lá	dʷɔ̰́	nű̃ŋmɛ́á	nɔ́ɣɔ́ ~ ɲàmà	náaní	nɛ̀ɛ̀
4. Korokakan	lòrò	lű̃ó	lá	lɔ̰́	nṵ́	nɔ̰́ɔ̰́ ~ ɲàmà	náaní	nɛ̀ɛ̀
5. Baralakakan	lœ̀lœ̀	lőőrú	lá	lɔ̰́	nṵ́	nɔ́ɔ́	náaní	nɛ̀ɣɛ̀
6. Wojenekakan	lólǒ	lòòrú	là	lɔ̰̀	nṵ́	ɲàmà	nàànì	nɛ̀gɛ́
7. Bodugukakan	lòlò	lóórú	lá	lɔ̰́	nṵ́	nɔ́ɣɔ́	náání	nɛ̀gɛ̀
8. Folokakan	lólǒ	lòòrú	là	lɔ̰̀	nṵ́	nɔ́ɔ́	nàànì	nɛ̀gɛ́
9. Gbelebankakan	lólǒ	lòòrú	là	lɔ̰̀	nṵ́ ~ nṵ́brá	nɔ́ɔ́	nàànì	nɛ̀ɛ́
10. Tudugukakan	lólǒ	lòòrú	là	lɔ̀	nṵ́	nɔ́ɣɔ́	nàànì	nɛ̀gɛ́
11. Vandugukakan	jòlò	lóórú	dá	dɔ̰́	nṵ́ ~ nṵ́gálá	nɔ́ʔɔ́	naání	nɛ̀ʔɛ̀
12. Nɔwolokakan	lólǒ	lòòrú	là	lɔ́	nṵ́	nɔ́ɣɔ́	nàànì	nɛ̀gɛ́
13. Sienkokakan	lólǒ	lòòrú	là	lɔ́	nṵ́	nɔ́ɣɔ́	nàànì	nɛ̀gɛ́
14. Worodugukakan	lòlò	lóólú	là	lɔ́	nṵ́	nɔ́ʁɔ́	náaní	ndɛ̀ʁɛ̀
15. Kanikakan	lòlò	lóólú	lá	lɔ́	nṵ́	ɲàmà	náaní	nɛ̀gɛ̀
16. Karanjankan	lòlò	lóólú	lá	lɔ́	nṵ́	nɔ́gɔ̰́	náaní	nɛ̀gɛ̀
17. Siakakan	lòlò	lóólú	lá	lɔ́	nṵ́	nɔ́ɣɔ́	náaní	nɛ̀ɣɛ̀
18. Koyagakan	lòlò	lóólú	lá	lɔ́	nṵ́	ɲàmà	náaní	nɛ̀gɛ̀
19. Korokan	lòlò	lóórú	lá	lɔ́	nṵ́	ɲàmà	náaní	nɛ̀gɛ̀
20. Sagakakan	lòlò	lóórú	lá	lɔ́	nṵ́	ɲàmà	náaní	ndɛ̀gɛ̀
21. Nigbikan	lòlò	lóórú	lá	lɔ́	nṵ́gbá̰	ɲàmà	náaní	nɛ̀gɛ̀
22. Jula de Kong	lòlò	lóórí	lá	lɔ̰́	nṵ́	ɲàmà	náaní	nɛ̀gɛ̀
23. Jula véhiculaire	lòlò	lóórú	lá	lɔ̰́	nṵ́	ɲàmàɲàmà	náaní	nɛ̀gɛ̀

Alvéolaires
(suite)

	n/ɲ		s/s			
	6 "langue"	160 "respirer"	9 "sein"	39 "ciel"	71 "animal, viande"	135 "arriver"
1. Tenengakan	ɲɛ̰̀	ɲákí kɛ́	sḭ́	sá̰.gbóó	sòò	nà
2. Maukakan	ɲɛ́ŋ	ɲákí kɛ	sḭ́ŋ	sá̰.gbóó	sòò	sé
3. Finangakan	ɲɛ̰̀ŋ	ɲákí kɛ́	sṵ́	sá̰.góró	sòò	nà
4. Korokakan	ɲɛ̰̀	ɲákí kɛ́	sḭ́ ~ sṵ́	sá̰.gbőő	sòò	sé
5. Baralakakan	ɲɛ̰̀	ɲákí kɛ́	sṵ́	sá̰.góló	sòò	nà
6. Wojenekakan	nɛ̰̌	nùnàkìrì	sṵ́	sà̰.góró	sògó	sè
7. Bodugukakan	nɛ̰̀	núnákílí	sḭ́	álá.kóló	sògò	sé
8. Folokakan	nɛ̰̌	nùnàkìlì	sḭ́	sà̰.góló	sòó ~ sòɣó	sè
9. Gbelebankakan	nɛ̰̌	kínìnàkìlì	sṵ́	sà̰.góló	sòó	sè
10. Tudugukakan	nɛ̰̌	ɲànàkìlì\`	sḭ́	sà̰.góló	sògó	sè
11. Vandugukakan	nɛ̰̀	ɲánákílí	sḭ́	sá̰.góló	sòò	sé
12. Nɔwolokakan	nɛ̰̀	nìnàkìrì	sṵ́	sà̰.gbóló	sògǒ	sè
13. Sienkokakan	nɛ̰̌	nìnàkìrì	sṵ́	sá̰	sògǒ	sè
14. Worodugukakan	ɲɛ̰̀.^{n}dḛ̀	nínákí kɛ́	sḭ́	sá̰gbʷö	sòʁò ~ sòò	sé
15. Kanikakan	ɲɛ̰̀.^{n}dḛ̀	–	sḭ́	sá̰.góró	sòʁò	nà
16. Karanjankan	nɛ̰̀	nínákírí	sṵ́	sá̰.gbóró	sògò	nà
17. Siakakan	ɲɛ̀.dḛ̀n	–	sḭ́	sá̰.góró	sòɣò	nà
18. Koyagakan	nɛ̰̀.dḛ̀	nínákírí	sḭ́	sá̰.gbóló	sòʁò	sé
19. Korokan	nàn.dḛ̀	ɲánákírí	sḭ́	sá̰	sògò	sé
20. Sagakakan	ɲɛ̰̀.^{n}dḛ̀	nínákírí	sḭ́	sá̰.gbóló	sòʁò	sé
21. Nigbikan	ɲɛ̀.dḛ̀	nínákírí	sḭ́	sá̰.gbóló	sògò	sé
22. Jula de Kong	nɛ̰̀.^{n}dḛ̀	nɛ́nɛ́kírí	sḭ́	sá̰	sògò	sé
23. Jula véhiculaire	nɛ̰̀	nínákílí	sḭ́	sá̰	sògò	sé

Alvéolaires
(suite)

	s / ʃ							
	4 "poil"	11 "griffe"	12a "jambe, pied"	40 "nuit"	55 "chemin"	59 "village"	80 "cheval"	78 "serpent"
1. Tenengakan	ʃyé	swɔ̰̏va	sḛ̀	sú	ʃyá ~ syá	só	sò	sà̰
2. Maukakan	ʃyé ~ syé	sɔ̰̀é ~ swɛ̰̀ ~ swɛ̰̀ɛ̰́	sèŋ	sú	syá	só	sǒ	sà̰
3. Finangakan	ʃyé	ʃɔ̰̏ɲɛ̰̀.vàrà	ʃyḛ̀ŋ	sű	ʃyá	ʃwő	ʃwȍ	ʃyɛ̰̀
4. Korokakan	ʃyé	sɔ̰̀ɲɔ̰̀ ~ ʃɔ̀ɲɔ̰̀	ʃyḛ̀ŋ	sú	ʃyá	só	sò	sà ~ sà̰
5. Baralakakan	ʃyé	ʃʼœ̀ɲɔ̰̀	ʃyḛ̀ŋ	ʃyű	ʃyá	ʃwő	ʃwo̽	ʃyɛ̰̀
6. Wojenekakan	ʃyé ~ ʃé	sònṵ̌	sḛ̌	sú	sírá	só ~ dùgú	sǒ	sǎ ~ ʃyɛ̰̌
7. Bodugukakan	sí	sònṵ̀	sḛ̀	sú	sírá	dùgǔ	sǒ	sìɲɛ̀
8. Folokakan	sí	sòrḭ̌	sḛ̌	sú	sílá	dùú	sǒ	sàá
9. Gbelebankakan	sí	sòrḭ̌	sḛ̀	sú	síyá	só	sǒ	sàá
10. Tudugukakan	ʃyé	sònǐ	sḛ̌	ʃú	sírá	dùgǔ	ʃǒ	ʃyà̰̌
11. Vandugukakan	ʃyé	sònḭ̀.vrà	sḛ̀	ʃú	sírá	dùgù	sò	sà
12. Nɔwolokakan	ʃyé	ʃònṵ̌	sḛ̌	ʃú	sírá	ʃó	ʃǒ	ʃyà̰̌
13. Sienkokakan	ʃyé	ʃònṵ̌	ʃyḛ̌	ʃú	ʃyá	ʃó	ʃʷǒ	ʃyɛ̰̌
14. Worodugukakan	ʃyé ~ ʃé	ʃṵ̈̏ ~ ʃwœ̰̀ ~ ʃẅɔ̰̀	sḛ̀	sú	ʃéákű ~ ʃyá	só	ʃò	sà̰
15. Kanikakan	ʃyé	ʃʷɔ̰̀.vrà	sḛ̀	sú	ʃyá	só	sò	sà̰
16. Karanjankan	ʃyé	sɔ̰̀ɲɔ̰̀	sḛ̀	sú	ʃyá	só	sò	ʃyà̰
17. Siakakan	ʃyé	ʃwœ̰̀.vàà	sḛ̀ŋ	ʃú	ʃyákɔ̃rɔ̃dé	só	ʃyò	sà̰
18. Koyagakan	ʃyé	ʃẅɔ̰̀	sḛ̀	sú	ʃyá	só	sò	sà̰
19. Korokan	ʃyé	sḛ̀zùɛ̰̀ ~ swɛ̰̀	sḛ̀gàrà	sú	ʃyá	só	sò	sà
20. Sagakakan	ʃyé	ʃwɔ̰̀	sḛ̀	sú	ʃyá	só	sò	sà̰
21. Nigbikan	ʃyé	ʃyɔ̰̀	sḛ̀	sú ~ sű	ʃyá	só	sò	sà̰
22. Jula de Kong	ʃyé	sɔ̃nì	sḛ̀	sú	sírá	dùgù	sǒ	sǎ
23. Jula véhiculaire	síí	sɔ̃nḭ̀	sḛ̀	sú	sírá	dùgù	sò	sà

Palatales	c/ʃy/ky/k					j/j		
	52 "sable"	105 "pourri"	131 "envoyer en commission"	144c "fendre"	217 "beaucoup"	14 "cul"	99 "long"	104 "sec"
1. Tenengakan	cɛ̰̀	tṳ̀è	lɔ́ ~ cé	cè	bóbá	júkṵ́	jà	gbɛ̀àn ḭ̀ ~ jànḭ́
2. Maukakan	kyɛ̰̀ ~ cɛ̰̀	twɛ̀nḭ̀	cé	kyè	syámá̰ ~ ʃyémá̰	zùkṵ́ ~ zù	jáŋ	jànḭ̀
3. Finangakan	cɛ̰̀	tṳ̀è	cé	cè	ʃyámá̰	jú	jà	jànṵ̀
4. Korokakan	cɛ̰̀	tṳ̀ò ~ tṳ̰̀ònḭ̀	látáɣá cé lá	cè	ʃyámá̰	jú	jà̰	jànḭ̀
5. Baralakakan	cɛ̰̀	tṳ̀èmà̰	cé	cì	ʃyámá̰	jígbóró	jà̰	jànḭ̀
6. Wojenekakan	cígɛ̰́ ~ cígɛ̰̌	tólínḭ́	cè	cí	N+ba ~ kòsɔ̀bɛ̀	jǔ	já̰	jánḭ́
7. Bodugukakan	cìɲɛ̌	tòlìnḭ̀	cí	cì	syámá̰	jú	já̰	jàlɛ̰̀
8. Folokakan	cìɲɛ̌	tólínḭ́	cè	cí	ʃyámá̰	jǔ	já̰	jánḭ́
9. Gbelebankakan	cɛ̰̀ɛ̰̌	tólínḭ́	cè	cí	syámá̰ ~ sɛ́rɛ́bábá	jǔ	já̰	jánḭ́
10. Tudugukakan	cɛ̰̌	tólíɲɛ́	cè	cé	ʃyámà̰	jùgbírí	já̰	jáɲɛ́
11. Vandugukakan	cɛ̰̀	tòlìlà	cí	cè	ʃyámá̰ ~ cámá̰	júgúrí	jà̰	jàlà
12. Nɔwolokakan	cɛ̰̀cɛ̌ ~ cɛ̰̀gɛ̰̌	tólínḭ́	cè	cé	ʃyámá̰	jǔ	já̰	jánḭ́
13. Sienkokakan	cɛ̀gɛ̰̌	tólínḭ́	cé	cé	ʃyámá̰	jǔ	já̰	jánḭ́
14. Worodugukakan	cɛ̰̀	tyɛ̰̀ ~ tṳ̀œ	cè	cè	ʃyémá̰	júkṵ́	jà	jànḭ̀
15. Kanikakan	cɛ̰̀	cṳ̀è	cé	cè	ʃyɛ́má̰	júkʷó̰	jà	jànḭ̀
16. Karanjankan	cɛ̰̀cɛ̰̀	tyùwè	cé	cè	ʃyɛ́má̰	jú	jàà	jà
17. Siakakan	cɛ̰̀	tṳ̀ɛ̰̀	cé	cè	ʃyɛ́má̰	jú	jà	jànḭ̀
18. Koyagakan	cɛ̰̌	cɛ̰̀	cé	cè	ʃyémá̰	jú	jà	jànḭ̀
19. Korokan	cɛ̰̀yɛ̰̀	twɛ̀nḭ̀	cé	tàrà	ʃyámá̰	jú	jà̰	jànḭ̀
20. Sagakakan	cɛ̰̀ɛ̰̀	tyɛ̰̀ànḭ̀	cé	cè	ʃyémá̰	júkṵ́	jà̰	jànḭ̀
21. Nigbikan	cɛ̰̀fù	twɛ̀nḭ̀	cé	cè	ʃyɛ́má̰	jú	jà̰	jànḭ̀
22. Jula de Kong	kɛ̀ngɛ̰̀	tòrìnḭ̀	cé	cè	ʃyámá̰	jú	jà̰	jànḭ̀
23. Jula véhiculaire	cɛ̰̀cɛ̰̀	tòlìlɛ̰̀	cí	cì	cámá̰ ~ ʃyámá̰	jú	jà̰	jàlà̰

Palatales (suite)

	y / j		j / y				
	181b "montrer"	200 "ici"	67 "corde"	79 "poisson"	85a "arbre"	154 "brûler"	196 "combien"
1. Tenengakan	yɛ̀à	yà	jǜ	yíʁɛ́	yíí	jɛ̰̀	jö̀lì
2. Maukakan	yàà	yàŋ	yùù	yɔ́ɔ́ ~ yɛ́ɛ́	yílí	ɲɛ̰̀ɛ̰̀ŋ	yɛ̀lì ~ yɛ̀lè
3. Finangakan	yèà	yà	yǜǜ	yɛ́ɛ́ ~ yɛ́ɣɛ́	yíí ~ yírí	ɲɛ̰̀	yɛ̀lì
4. Korokakan	yèà	yà	yǜǜ	yɛ́ɛ́ ~ yɛ́ɣɛ́	yíí	ɲɛ̰̀	yèlì
5. Baralakakan	yèà	yà	yȍö̀	yɛ́ʁɛ́	yírí	ɲɛ̰̀	yɛ̀lì
6. Wojenekakan	yírá	yǎ	jùrú	jɛ́gɛ́	yírí	jɛ́ní	jórú
7. Bodugukakan	yìrà	yà	jùrù	jɛ́gɛ́	yírí	jɛ̀nì	jòlì
8. Folokakan	yírá	yǎ̰	jùrú ~ jùlú	jɛ́ɛ́	yírí	jéní	jélí
9. Gbelebankakan	yírá	yǎ̰nɛ̰̀	jùlú	jɛ́ɛ́	yírí	jéní	jélí
10. Tudugukakan	yírá	yǎ	jùrú	jɛ́gɛ́	jírí	jéní	jólí
11. Vandugukakan	yìrà	yà	jùrùdḛ̀	jɛ́ʔɛ́	yírí	jènì	jèlì
12. Nɔwolokakan	yírá	yǎ	jùrú	jɛ́gɛ́	yírí	jéní	jólí
13. Sienkokakan	yírá	yǎ	jùrú	jɛ́gɛ́	jírí	jḛ́	jélí
14. Worodugukakan	jèà	yà	jǜ	jígɛ́ ~ jɛ́ʁɛ́	gyí ~ yíí	jɛ̰̀ ~ jḛ̀	jòʁò ~ jòʁòlì
15. Kanikakan	yàrà	yà	jùrù	yɛ́ʁɛ́	yírí	jɛ̰̀ɛ̰̀	jòlì
16. Karanjankan	yàrà	yà	jùrù	yɛ́gɛ́	yírí	jɛ̰̀	jùwè
17. Siakakan	yàà	yà	jùrùdḛ̀	yɛ́ɣɛ́	yírí	jɛ̰̀	jòlì
18. Koyagakan	yà	yà	jùrù	jɛ́ʁɛ́	yírí	jɛ̰̀	jòlì
19. Korokan	yàrà	yà	jùrù	yɛ́gɛ́	yírí	jɛ̰̀	jòlì
20. Sagakakan	yàrà	yà	jùrù	yɛ́ʁɛ́	yírí	jḛ̀ ~ jɛ̰̀	jòì
21. Nigbikan	yàrà	yà	jùrù	yɛ́gɛ́	yírí	yɛ̰̀	jɔ̀yì
22. Jula de Kong	yìrà	yà̰	jùrù	yígɛ̰́	yírísṵ́	jɛ̀nì	jòrì
23. Jula véhiculaire	yìrà	yà̰	jùrù	jɛ́gɛ́	yírísṵ́	jènì	jòlì

Palatales (suite)	ɲ/ɲ				
	2 "œil"	5 "dent"	63 "saleté"	83 "pou de tête"	147a "chercher"
1. Tenengakan	ɲá.dé̱	ɲí̱ŋ	ɲàmà ~ nɔ̱́ɔ̱́	ɲúmú	ɲíí
2. Maukakan	ɲá.dyé	ɲí̱ŋ	ɲàmà	ɲú̱ú̱ ~ nú̱ú̱	ɲí̱í̱
3. Finangakan	ɲá.yé̱	ɲí̱ŋ	ɲàmà ~ nɔ́ɣɔ́	ɲú̱	ɲí̱í̱
4. Korokakan	ɲá	ɲí̱	ɲàmà ~ nɔ̱́ɔ̱́	ɲú̱ ~ ɲúmú	ɲí̱í̱
5. Baralakakan	ɲá ~ ɲákísɛ́	ɲí̱	nɔ́ɔ́	ɲú̱	ɲíní
6. Wojenekakan	ɲá	ɲí̱	ɲàmà	ɲímí	ɲìnì
7. Bodugukakan	ɲá	ɲí̱	nɔ́ɣɔ́	ɲímí	ɲíní
8. Folokakan	ɲá	ɲí̱	nɔ́ɔ́	ɲímí	ɲìnì
9. Gbelebankakan	ɲá.dé̱	ɲí̱	nɔ́ɔ́	ɲímí	ɲìnì
10. Tudugukakan	nɛ́.dé̱	ɲí̱	nɔ́ɣɔ́	ɲímí	ɲìnì
11. Vandugukakan	ɲá	ɲí̱	nɔ́ʔɔ́	ɲímí	ɲíní
12. Nɔwolokakan	ɲá	ɲí̱	nɔ́ɣɔ́	ɲímí	ɲìnì
13. Sienkokakan	ɲá	ɲí̱	nɔ́ɣɔ́	ɲímí	ɲìnì
14. Worodugukakan	ɲá.dé̱	ɲí̱	nɔ́ʁɔ́	ɲúmú̱	ɲì
15. Kanikakan	ɲá.dé̱	ɲí̱	ɲàmà	ɲúmú	ɲíní
16. Karanjankan	ɲá	ɲí̱	nɔ́gɔ̱́	ɲímí	ɲíní
17. Siakakan	ɲá.dé̱	ɲí̱.dé̱	nɔ́ɣɔ́	ɲúmúgú	táɣá fɛ́ɛ́ lá
18. Koyagakan	ɲá.dé̱	ɲí̱	ɲàmà	ɲúmúʁú	ɲíí
19. Korokan	ɲá.dé̱	ɲí̱	ɲàmà	ɲúmúgú	ɲírí
20. Sagakakan	ɲá.dé̱	ɲí̱	ɲàmà	ɲémú	ɲíní
21. Nigbikan	ɲá.dé̱	ɲí̱	ɲàmà	ɲémúgú	ɲírí
22. Jula de Kong	ɲá.dé̱	ɲí̱	ɲàmà	kàra̱gbà	ɲíní
23. Jula véhiculaire	ɲɛ́	ɲí̱	ɲàmàɲàmà	ɲímí ~ ɲímúgú	ɲíní

Vélaires	k/k							k/g
	140 "mordre"	114 "un"	69 "guerre"	23 "aile"	20 "os"	76 "oiseau"	3 "tête"	25 "corne"
1. Tenengakan	kḭ́	kyé	kɛ̀ɛ̀	kàwà	kɔ̃́ɔ̃́gṵ́	kɔ̰̀ɔ̰̀	kṵ̀ŋ	gʁé
2. Maukakan	kḭ́ŋ	kééŋ	kɛ̀ɛ̀	kàwá	kɔ́ɔ́	kɔ̰̀ɔ̰̀	kṵ̀ŋ	géé
3. Finangakan	kḭ́	kéré	krɛ̀	kàwà	kórókṵ́	kwœ̰̀	kṵ̀ŋ	kéé
4. Korokakan	kḭ́	kyé	kyɛ̀	kàwà	kwṍṍ	kwœ̰̀	kṵ̀	gyé
5. Baralakakan	kḭ́	kéé	kɛ̀rɛ̀ ~ krɛ̀	kàwà	kóró ~ kró	kwœ̰̀œ̰̀	kṵ̀	kéré ~ kré
6. Wojenekakan	kḭ̀	kélḛ́	kɛ́lɛ́	kàmă̰	kóró	kɔ́nɔ̌	kṵ̌	kéré
7. Bodugukakan	kḭ́	kélḛ́	kɛ̀lɛ̀	kàmà̰	kóló	kɔ̀nɔ̌	kṵ̀	kéré
8. Folokakan	kḭ̀	kélḛ́	kɛ́lɛ́	kàmă̰	kóló	kɔ́nɔ̌	kṵ̌	kré
9. Gbelebankakan	kḭ̀	kélḛ́	kɛ́lɛ́	kàbǎ	kóló	kɔ́nɔ̌	kṵ̌gòlò	kré
10. Tudugukakan	kḭ̀	kélḛ́	kɛ́lɛ́	kàmă̰	kólókṵ́	kɔ́nɔ̌	kṵ̌gòlò	kéré
11. Vandugukakan	kḭ́	kélḛ́	kɛ̀lɛ̀	kɛ̀mɛ̀	kóló	kɔ̀nɔ̌	kṵ̀gòlò	nyɛ́kóló
12. Nɔwolokakan	kḭ́	kélḛ́	kɛ́lɛ́	kàbàá	kólókṵ́	kɔ́nɔ̌	kṵ̌gòlò	kéré
13. Sienkokakan	kḭ̀	kélḛ́	kɛ́rɛ́	kávǎ	kólókṵ́	kɔ́nɔ̰̌	kṵ̀	kré
14. Worodugukakan	kḭ̀ ~ kḛ̀	kyé	kyɛ̀	kàvà ~ kàwà	kwṍ	kwœ̰̀ ~ kwɔ̰̀ɔ̰̀	kṵ̀	gyé ~ gœ́ ~ byɛ̰́
15. Kanikakan	kḭ́	kré	krɛ̀	kàvà	kóró	kɔ̀rɔ̰̀	kṵ̀ŋ	géré
16. Karanjankan	kḭ́	kéré	kɛ̀rɛ̀	kàwà	kórókṵ́	kɔ̀rɔ̰̀	kṵ̀	kéré
17. Siakakan	kḭ́	kḛ́gyé	kɛ̀rɛ̀	kàwà	kóró	kɔ̀nɔ̰̀	kṵ̀ŋ	byɛ̰́
18. Koyagakan	kḭ́	kyé	krɛ̀	kàwà	kóró	kɔ̀rɔ̰̀ ~ krɔ̰̀	kṵ̀gòrò	gérḛ́ ~ grḛ́
19. Korokan	kḭ́	kélḛ́	kɛ̀rɛ̀	kàmà̰	kóró	kɔ̀nɔ̰̀	kṵ̀	byɛ̰́
20. Sagakakan	kḭ́	kérḛ́	kɛ̀rɛ̀	kàwà	kóró	kɔ̀rɔ̰̀	kṵ̀	gérḛ́ ~ byɛ̰́
21. Nigbikan	kḭ́	kérḛ́	krɛ̀	kàmà̰	kóró	kɔ̀nɔ̰̀	kṵ̀	gérḛ́ ~ gbá̰
22. Jula de Kong	kḭ́	kélḛ́	kɛ̀rɛ̀	kàmbá	kóró	kɔ̀nɔ̀	kṵ̀ ~ kṵ̀gòlò	gbá̰
23. Jula véhiculaire	kḭ́	kélḛ́	kɛ̀lɛ̀	kàmà̰	kóló	kɔ̀nɔ̀	kṵ̀ ~ kṵ̀gòlò	kéré ~ bíyɛ̰́

Vélaires (suite)	**k/ng**	**k/c**	**k/ɸ**				
	47 "rosée"	91a "graisse"	26 "queue"	57b "marigot"	93 "nouveau"	143 "laver"	204 "derrière"
1. Tenengakan	kɔ̄mí	cɛ́	nɔ̀là	ɸwɔ̀	kwá	ɸwɔ̀	ɸwɔ̄ mà
2. Maukakan	kɔ̄mḭŋ	cɛ́ŋ	kwɔ́ ~ kwɔ́lá	kwɔ̀	kwá	kwɔ̀	kwɔ̄ mà
3. Finangakan	kímí	cɛ̰́	kwɔ́	kwɔ̀	k^{u}lá	kwɔ̀	kwɔ̄ mà
4. Korokakan	kɔ̄mí	cɛ́	nɔ̀rà	kwɔ̀	kwákwá	kwɔ̀	kwɔ̄ mà
5. Baralakakan	kɔ̄mí	cɛ̰́	kwɔ́	kwɔ̀	k^{u}lák^{u}lá	kwɔ̀	kwɔ̄ mà
6. Wojenekakan	kɔ̀mí	kɛ̰́ ~ cɛ̰́	kɔ́	kɔ̌	kʊ̀là	kɔ́	kɔ̄ mà
7. Bodugukakan	ngɔ̄mí	kɛ̰́	kɔ́	kɔ̀	kʊ́rákʊ́rá	kɔ̀	rɔ̄
8. Folokakan	kɔ̀mìjí	kɛ̰́	kɔ́	kɔ̌	kʊ̀rà	kɔ́	kɔ̄ fɛ̀
9. Gbelebankakan	kɔ̀mí	cɛ̰́	kɔ́	kɔ̌	kʊ̀rà	kɔ́	kɔ̄ mà
10. Tudugukakan	ngɔ̀míjí	kɛ̰́	kɔ́	kɔ̌	kʊ̀rà	kɔ́	kɔ̄ tɔ̄
11. Vandugukakan	ngɔ̄mí	kɛ̰́	kwɔ́	kɔ̀	kʊ́rá	kɔ̀	kɔ̄ fɛ̀
12. Nɔwolokakan	kɔ̀mí	kyɛ̰́	kwɔ́	kwɔ̌	kʊ̀rà	kɔ́	kɔ̄ fɛ̀
13. Sienkokakan	kɔ̀mbí	cɛ̰́	kwɔ́	kɔ̀	kʊ́rá	kɔ́	kɔ̄ mà
14. Worodugukakan	kɔ̀mí	kɛ̰́	ɸwɔ́	ɸwɔ̀	klwá	ɸwɔ̀	ɸwɔ̄ mà
15. Kanikakan	kɔ̄míjé	kɛ̰́ŋ	ɸwɔ́	ɸwɔ̀	ɸwáɸwá	ɸwɔ̀	ɸwɔ̄ mà
16. Karanjankan	kɔ̄mbí	kɛ̰́	ɸwɔ́	ɸwɔ̀	ɸwá	ɸwɔ̀	ɸwɔ̄ mà
17. Siakakan	kɔ̄mí	kɛ̰́	kwɔ́	kwɔ̀	klá	ɸwɔ̀	kwɔ̄ mà
18. Koyagakan	kɔ̄mí	kɛ̰́	ɸwɔ́	ɸwɔ̀	kláklá	ɸwɔ̀	ɸwɔ̄ mà
19. Korokan	kɔ̄mí	cɛ̰́	ɸwɔ́	ɸwɔ̀	k^{u}lák^{u}lá	ɸwɔ̀	kwɔ̄
20. Sagakakan	kɔ̄mí	kɛ̰́	ɸwɔ́	ɸwɔ̀	k^{u}lák^{u}lá	ɸwɔ̀	ɸwɔ̄
21. Nigbikan	kɔ̄mí	kɛ̰́	ɸwɔ́	ɸwɔ̀	k^{u}lák^{u}lá	ɸwɔ̀	kwɔ̄
22. Jula de Kong	kɔ̄mbí	cɛ̰́	kwɔ́	kwɔ̀	kʊ́rá	kwɔ̀	kɔ̄
23. Jula véhiculaire	ngɔ̄mí	tʊ́rʊ́	kɔ́	kɔ̀	kʊ́rá	kɔ̀	kɔ̄ fɛ̀

Vélaires (suite)

	w/w				
	12b "cuisse"	72 "chien"	119 "six"	129 "mille"	164 "se lever"
1. Tenengakan	wőő	wùù	wɔ́rɔ́	wáá kyé	wíí
2. Maukakan	wőő ~wőlő	wùù ~ ŋùnì	wɔ́ɔ́rɔ́	wáá kéé	wíí
3. Finangakan	wőrő	wùnù	wɔ́ɔ́rɔ́	wáá kéré	wíí
4. Korokakan	wőrő	wùù	wɔ́ɔ́rɔ́	wáá kyé	wíí
5. Baralakakan	wőrőbá	wùnù	wɔ́ɔ́lɔ́	wáá kéé	wíí
6. Wojenekakan	wőrő	wùrú ~wùlú	wɔ̀ɔ̀rɔ́	wáɣá kélḛ́	wìlì
7. Bodugukakan	wőrő	wùlù	wɔ́ɔ́rɔ́	wáɣá kélḛ́	wílí
8. Folokakan	wőrő	wùlú	wɔ̀ɔ̀rɔ́	wáá kélḛ́	wìlì
9. Gbelebankakan	wőrő	wùlú	wɔ̀ɔ̀rɔ́	wáá kélḛ́	wìlì
10. Tudugukakan	wőrő	wùlú	wɔ̀ɔ̀rɔ́	wáɣá kélḛ́	wìlì
11. Vandugukakan	wőrő	wùlù	wɔ́ɔ́rɔ́	wáá kélḛ́	wílí
12. Nɔwolokakan	wőrő	wùlú	wɔ̀ɔ̀rɔ́	wáá kélḛ́	wílí
13. Sienkokakan	wőrő	wùrú	wɔ̀ɔ̀rɔ́	wáá kélḛ́	wìrì
14. Worodugukakan	wő	wȕ	wɔ́ɔ́lɔ́	wáʁá kyé	wìì
15. Kanikakan	wőtő	wrù	wɔ́ɔ́lɔ́	wáɣá kré	vrí
16. Karanjankan	wőrő	wùrù	wɔ́ɔ́lɔ́	wáá kéré	wírí
17. Siakakan	wőtő	wùrù	wɔ́ɔ́lɔ́	wáɣá kḛ́gyé	wílí
18. Koyagakan	wőtő	wùrù	wɔ́ɔ́lɔ́	wáʁá kyé	wíí ~wrí
19. Korokan	wőtő	wùrù	wɔ́ɔ́lɔ́	wáʁá kélḛ́	wírí
20. Sagakakan	wőtő	wùrù	wɔɔ́rɔ́	wáʁá kérḛ́	wírí
21. Nigbikan	wőtő	wùrù	wɔɔ́lɔ́	wáʁá kélḛ́	wírí
22. Jula de Kong	wőtő	wùrù	wɔɔ́rɔ́	wáʁá kélḛ́	wírí
23. Jula véhiculaire	wőrő	wùlù	wɔɔ́rɔ́	wáá kélḛ́	wúlí

Labiovélaires	gb/gb					
	21 "peau"	102 "lourd"	109 "chaud"	112 "blanc"	139 "frapper"	151 "chasser"
1. Tenengakan	gbɔ̀ɔ̀	gbíí	gbɛ̰̀	gbɛ́	gbàsì	gbɛ́
2. Maukakan	gbɔ̀ɔ̀	gbíí	gbɛ̰̀	gbɛ́nḭ́	gbàsì	gbɛ́ŋ
3. Finangakan	gbɔ̀rɔ̀	gbíí	gbànṵ̀	gbɛ́nḭ́	gbìsì	gbɛ̀
4. Korokakan	gbɔ̋ɔ̋	gbíí	gbànḭ̀	gbɛ́nḭ́	gbàsì	gbɛ́
5. Baralakakan	gbɔ̀rɔ̀	gbéé	gbànḭ̀	gbɛ́nḭ́	gbìsì	gbɛ́
6. Wojenekakan	gbɔ̀lɔ́	gbìlì	gbánḭ̀	gbɛ̀má̰	gbísí	gbɛ̰̀
7. Bodugukakan	gbɔ̀lɔ̀	gbílímá̰	kálámá̰	gbɛ́	gbìsì	gbɛ̰́
8. Folokakan	gbɔ̀lɔ́	gbílḭ́	gbánḭ̀	gbɛ̀	gbísí	gbɛ̰̀
9. Gbelebankakan	gbɔ̀lɔ́	gbìlḭ̀	gbánḭ̀	gbɛ̀	gbísí	gbɛ̰̀
10. Tudugukakan	gbɔ̀lɔ́	gbílí	gbá̰nɛ̀	gbɛ̀	gbísí	gbɛ̰̀
11. Vandugukakan	gbɔ̀lɔ̀	gbílí	gbà̰nà	gbɛ́	bùgɔ̃̀	gbɛ́
12. Nɔwolokakan	gbɔ̀lɔ́	gbílí	gbánḭ̀	gbɛ̀nḭ́	gbíʃí	gbɛ̀
13. Sienkokakan	gbɔ̀lɔ́	gbílí	gbánḭ̀	gbɛ̀nḭ́	gbíʃí	gbɛ̀
14. Worodugukakan	gbʷɔ̀̀	gbyì	gbànḭ̀	gbɛ́	gbɛ̀sì	gbɛ́
15. Kanikakan	gbɔ̀lɔ̀	gbírí	gbànḭ̀	gbɛ́ ~ gbɛ́nḭ́	gbɛ̀sì	gbɛ́
16. Karanjankan	gbɔ̀rɔ̀	gbírí	gbànḭ̀	gbɛ́ ~ gbɛ́nḭ́	gbàʃì	gbɛ́
17. Siakakan	gbɔ̀lɔ̀	gbílí	gbànḭ̀	gbɛ́nḭ́	gbɛ̀sì	ɲínḭ́
18. Koyagakan	gbɔ̀lɔ̀	gbrí	gbànḭ̀	gbɛ́má̰	gbɛ̀sì	gbɛ́
19. Korokan	gbɔ̀rɔ̀	gbírí	gbànḭ̀	gbɛ́má̰	dɛ́rɛ́	gbɛ́
20. Sagakakan	gbɔ̀lɔ̀	gbírí	gbànḭ̀	gbɛ́má̰	sɛ̰̀	gbɛ̰́
21. Nigbikan	gbɔ̀lɔ̀	gbírímá̰	gbànḭ̀	gbɛ́má̰	dɛ́rɛ́	gbɛ̰́
22. Jula de Kong	gbɔ̀lɔ̀	gbílí	gbànḭ̀	gbɛ́nḭ́	bùgɔ̃̀	gbɛ̰́
23. Jula véhiculaire	gbɔ̀lɔ̀	gbílí	gbànḭ̀	gbɛ́	bùgɔ̃̀	gbɛ̰́

Labiovélaires (suite)	**gb/gb** (suite)		**gb/b**	**gb/g**
	152b "planter"	215 "autre"	85b "bâton"	219 "maïs"
1. Tenengakan	gbá̰	gbɛ́ɛ́	gbé	gbàsì
2. Maukakan	gbá̰	gbɛ́ɛ́	gbéé	gbàsì
3. Finangakan	gbó̰	gbɛ́rɛ́	gbéé ~ gbéré	gbìsì
4. Korokakan	gbá̰	gbɛ́ɛ́	gbéré	gbàsì
5. Baralakakan	gbá̰	gbɛ́ɛ́	gbéré	gbɨ̀sɨ̀
6. Wojenekakan	gbá̰ŋà	gbɛ̀rɛ̀	gbéré	gbògò
7. Bodugukakan	gbá̰há̰	gbɛ́rɛ́	gbéré	kàbà
8. Folokakan	gbá̰à̰	gbrɛ́	gbéré	kàbà
9. Gbelebankakan	gbá̰à̰	gbɛ́rɛ́	gbré	kàbà
10. Tudugukakan	gbà̰gà̰	gbɛ́rɛ́	béré	gbógó
11. Vandugukakan	gbá̰á̰	gbɛ́rɛ́	béré	gbàsò~kábá
12. Nɔwolokakan	gbà̰ŋà̰	gbɛ́rɛ́	gbéré	gbògò
13. Sienkokakan	gbà̰gà̰	gbɛ́rɛ́	gbéré	gbìʃì
14. Worodugukakan	gbà̰gà̰ ~ gbà̰ŋà̰	gbyɛ́	gbyé	gòʁò~gbòò
15. Kanikakan	tṵ́tṵ́	gbɛ́rɛ́	gbéré	gbògò
16. Karanjankan	gbá̰gá	gbɛ́rɛ́	gbéré	gbàʃì
17. Siakakan	gbá̰	dɔ̃	béré	gùɣò
18. Koyagakan	tṵ́tṵ́	gbɛ́ɛ́	kɔɔ̃mà̰	gbòʁò
19. Korokan	gbá̰	gbɛ́rɛ́	kɔ̃rɔ̃mà̰	gbòʁò
20. Sagakakan	gbá̰	gbɛ́rɛ́	kɔ̃rɔ̃mà̰	gbòʁò
21. Nigbikan	gbá̰	gbɛ́rɛ́	kɔ̃rɔ̃mà̰	gbógó
22. Jula de Kong	gbá̰	gbɛ́rɛ́	kɔ̃rɔ̃mà̰	gbógó
23. Jula véhiculaire	gbá̰	gbɛ́rɛ́	béré	kàbà

Labiales

	VmV/VmV			VmV/Ṽ̰V̰/V̰				
	73 "élé-phant"	128 "cent"	132 "marcher"	83 "pou de tête"	108 "froid"	155 "manger"	177 "souffrir"	183 "sentir" (= entendre l'odeur)
1. Tenengakan	sàmà	kɛ̀mɛ̀	táámá	ɲúmú	súá̰	lɔ́ɣɔ́	díí	súɛ̰́ mɛ̰́
2. Maukakan	sàmà	kɛ̀mɛ̀	táámá kɛ́	ɲṵ́ṵ́ ~ nṵ́ṵ́	sɔ́á̰	lɔ́ɔ́	dḭ́ḭ́	sɔ̰́á̰ myɛ̰́
3. Finangakan	sàmà	kɛ̀mɛ̀	táɣámá	ɲṵ́	súmá	nṵ́ṵ́	núú	ʃʷœ̰́ myɛ̰́
4. Korokakan	sàmà	kɛ̀mɛ̀	táɣámá	ɲṵ́ ~ ɲúmú	ʃṵ̈́ṵ́	lóɣó	díí	sṵ̈́ó̰ lá
5. Baralakakan	sàmà	kɛ̀mɛ̀	táɣámá	ɲṵ́	súmánḭ́	núú	dímí	súmá myɛ̰́
6. Wojenekakan	sámǎ	kɛ́mɛ̌	táɣámá	ɲímí	sùmànḭ́	dò̰	dìmì	kàsá myɛ̰̀
7. Bodugukakan	sàmà	kɛ̀mɛ̀	táɣámá	ɲímí	súmálḛ́	dó̰	dímí	súmá myɛ̰́
8. Folokakan	sámà̰	kɛ́mɛ̌	tààmǎ	ɲímí	súmánḭ́	dò̰	dìmì	súmá mɛ̰̀
9. Gbelebankakan	sámǎ	kɛ́mɛ̌	tààmà	ɲímí	súmánḭ́	dò̰	dìmì	súmá mɛ̰̀
10. Tudugukakan	sámà̰	kɛ́mɛ̌	tàɣàmà	ɲímí	sùmàɲɛ́	dò̰	dìmì	súmá myɛ̰̀
11. Vandugukakan	sàmà	kɛ̀mɛ̀	táʔámá	ɲímí	súmálá	bmó̰	dímí	súmá mɛ̰́
12. Nɔwolokakan	sámǎ	kɛ́mɛ̌	tàɣàmà	ɲímí	súmánḭ́	dó̰	dìmì	kàsá myɛ̰̀
13. Sienkokakan	sámǎ	kɛ́mɛ̌	tàɣàmà	ɲímí	súmánḭ́	dò̰	dìmì	súmá myɛ̰̀
14. Worodugukakan	sàmà	kɛ́mɛ̰́	táɣámá	ɲúmṵ́	ʃʷœ̰́	dwœ́	dḭ́gḭ́	ʃʷœ̰́ mɛ̰́
15. Kanikakan	sàmà	kɛ̀mɛ̀	táʁámá	ɲúmú	ʃʷœ̰́	dwɔ́	dímí	ʃʷó̰ mɛ̰́
16. Karanjankan	sà̰mà	kɛ̀mɛ̀	tá̰gámá	ɲímí	ʃó̰yánḭ́	dɔ̰́	dḭ́gḭ́	ʃṵ́á mɛ̰́
17. Siakakan	sàmà	kɛ̀mɛ̀	táɣámá	ɲúmúgú	ʃʷœ̰́	dɔ́	dímí	ʃṵ̈́á mɛ̰́
18. Koyagakan	sàmà	kɛ̀mɛ̀	táɣámá	ɲúmúʁú	ʃʷɔ̰́	jɔ́	dímí	ʃẅó̰ mɛ̰́
19. Korokan	sàmà	kɛ̀mɛ̀	táʁámá	ɲúmúgú	súánḭ́	dó̰	dímí	súɔ̰́ mɛ̰́
20. Sagakakan	sàmà̰	kɛ̀mɛ̀	táʁámá	ɲémú	ʃẅó̰	dɔ́	dímí	ʃwɔ́ mɛ̰́
21. Nigbikan	sàmà	kɛ̀mɛ̀	táʁámá	ɲémúgú	swánḭ́	dɔ̰́	dímí	ʃyɔ̰́ mɛ̰́
22. Jula de Kong	sàmà	cɛ̀mɛ̀	táʁámá	kàra̰gbà	súmánḭ́	dómú	dímí	súmá myɛ̰́
23. Jula véhiculaire	sàmà	kɛ̀mɛ̀	táamá	ɲímí ~ ɲímúgú	súmálḛ́ ~ súmánḭ́	dómú	dímí	súmá mɛ̰́

Labiales (suite)

	VmV/VwV	VmV/VmbV		VbV/VwV			
	23 "aile"	47 "rosée"	68a "lance"	23 "aile"	53 "pierre"	116 "trois"	153 "cuire, préparer la nourriture"
1. Tenengakan	kàwà	kɔ́mí	tàmà	kàwà	káwá	sàwà	mwɔ̰̂
2. Maukakan	kàwá	kɔ́mḭŋ	tàmà	kàwá	káwá	sàwà	mwɔ̰̂
3. Finangakan	kàwà	kímí	tàmbà	kàwà	káwá	sàwà	mwɔ̰̂
4. Korokakan	kàwà	kɔ́mí	tàmà	kàwà	káwá	sàwà	mwɔ̰̂
5. Baralakakan	kàwà	kɔ́mí	tàmbà	kàwà	káwá	sàwà	mwɔ̰́
6. Wojenekakan	kàmǎ̰	kɔ̀mí	tà̰mbà	kàmǎ̰	kàbá	sábǎ	mɔ̰́
7. Bodugukakan	kàmà̰	ngɔ́mí	tàmà	kàmà̰	kábá	sàbà	mɔ̰́
8. Folokakan	kàmǎ̰	kɔ̀mìjí	tàmǎ	kàmǎ̰	kàbá	sáábǎ	tìbì
9. Gbelebankakan	kàbǎ	kòmí	tàmǎ	kàbǎ	kàbá	sáábǎ	tìbì
10. Tudugukakan	kàmǎ̰	ngɔ̀míjí	tàmbǎ	kàmǎ̰	kàwá	sáwǎ	tìbì
11. Vandugukakan	kɛ̀mɛ̰̀	ngɔ́mí	tàmà	kɛ̀mɛ̰̀	káwá	sàbà	téwí
12. Nɔwolokakan	kàbàá	kɔ̀mí	tàmbǎ	kàbàá	kàbá	sábǎ	tòbì
13. Sienkokakan	kávǎ	kɔ̀mbí	tàmbǎ	kávǎ	kàbá	sábǎ	ámɔ̰́
14. Worodugukakan	kàvà ~ kàwà	kɔ̀mí	tà̰mà	kàvà ~ kàwà	kává ~ káwá	sàvà	tɔ̏wì kɛ́
15. Kanikakan	kàvà	kɔ́míjé	tàmbà	kàvà	kává	sàwà	mwɔ̰̀
16. Karanjankan	kàwà	kɔ́mbí	tàmà	kàwà	káwá	sàwà	mwɔ̰́
17. Siakakan	kàwà	kɔ́mí	tàmà	kàwà	káwá.dḛ́	sàwà	ámwɔ̰́
18. Koyagakan	kàwà	kɔ́mí	tàmà	kàwà	káwá	sàwà	tóbí
19. Korokan	kàmà̰	kɔ́mí	tàmà̰	kàmà̰	gbárá	sàwà	mwɔ̰́
20. Sagakakan	kàwà	kɔ́mí	tàmbà	kàwà	káwá	sàwà	mwɔ̰́
21. Nigbikan	kàmà̰	kɔ́mí	tà̰bà	kàmà̰	káwá	sàwà	tówírí kɛ́
22. Jula de Kong	kàmbá	kɔ́mbí	tàmbà	kàmbá	káwá	sàwà	tɛ́wí
23. Jula véhiculaire	kàmà̰	ngɔ́mí	bìyɛ̰̀ (objet pointu)	kàmà̰	kábákúrú	sàbà	tóbí

Alvéolaires	V**f**V/V**v**V/V**w**V/V**ŋ**V	V**t**V/V**r**V/VV	V**t**V/V**t**V
	120 "sept"	12b "cuisse"	96 "petit"
1. Tenengakan	wɔ̱́vlá	wóó	fítíní
2. Maukakan	wɔ̱́vyà	wóó ~wóló	fítíní
3. Finangakan	wɔ̱́wlá	wóró	fítínṵ́
4. Korokakan	wó̱vlá	wóró	fítíní
5. Baralakakan	wɔ̱́wlá	wóróbá	fítíní
6. Wojenekakan	wóró̱fìlá	wóró	fìcìní
7. Bodugukakan	wóró̱fìlá	wóró	fítíní
8. Folokakan	wɔ́rɔ̱́vìlá	wóró	fìtìní
9. Gbelebankakan	wɔ́rɔ̱́vìlá	wóró	fìtìní
10. Tudugukakan	wóró̱vìlá	wóró	dɔ́ɣɔ́
11. Vandugukakan	wóró̱vìlá	wóró	dɔ́ɔ́
12. Nɔwolokakan	wɔ́rɔ̱́vìlá	wóró	dɔ́ɣɔ́
13. Sienkokakan	wɔ́rɔ̱́ŋùlá	wóró	dɔ́ɣɔ́
14. Worodugukakan	wȍò̱gùlà	wő	fítíní
15. Kanikakan	vrɔ̱́vlà	wótó	fítíní
16. Karanjankan	wóró̱gúlá	wóró	fítíní
17. Siakakan	wɔ́ɔlɔ̱́wúlá	wótó	fítíní
18. Koyagakan	wɔ́rɔ̱́wlá	wótó	fítíní
19. Korokan	wɔ́ró̱vlá	wótó	fítíiní
20. Sagakakan	wɔ́rɔ̱́vlá	wótó	fítíní
21. Nigbikan	wɔ́ró̱vlá	wótó	fítíní
22. Jula de Kong	wɔ́ró̱vilá	wótó	dɔ́ʁɔ́
23. Jula véhiculaire	wɔ́ló̱flá	wóró	fítíní

Alvéolaires
(suite)

	v1v/vɽv/vyv/vv/v					
	84 "œuf"	44 "soleil"	69 guerre	68b "arc"	119 "six"	10 "bras/main"
1. Tenengakan	kíí	tèè	kɛ̀ɛ̀	káá	wɔ̃rɔ̃	bɔ̃̋
2. Maukakan	kíí	tèè	kɛ̀ɛ̀	káán	wɔ̃ɔ̃rɔ̃	ɓóó
3. Finangakan	kíí	tèè	krɛ̀	ká rá̰	wɔ̃ɔ̃rɔ̃	bőő
4. Korokakan	kíí	tìì ~ tèè	kyɛ̀	kéá	wɔ̃ɔ̃rɔ̃	bőő
5. Baralakakan	kírí	tèrè	kɛ̀rɛ̀ ~ krɛ̀	káá̰	wɔ̃ɔ̃lɔ̃	bőőká
6. Wojenekakan	sìsɛ̀.kírí	tèré	kɛ́lɛ́	kálá̰	wɔ̀ɔ̀rɔ̃	bóró
7. Bodugukakan	sìsɛ̀.fà̰	tèlè	kɛ̀lɛ̀	ngálálá	wɔ̃ɔ̃rɔ̃	bóló
8. Folokakan	sìsɛ̀.kílí	tèlé	kɛ́lɛ́	kálá	wɔ̀ɔ̀rɔ̃	bóló
9. Gbelebankakan	sìsɛ̀.kílí	tèlé	kɛ́lɛ́	kálá̰	wɔ̀ɔ̀rɔ̃	bóló
10. Tudugukakan	ʃyɛ̀.kílí	tèlé	kɛ́lɛ́	kálá̰	wɔ̀ɔ̀rɔ̃	bóló
11. Vandugukakan	ʃyɛ̀.kílí	tèlè	kɛ̀lɛ̀	kálá	wɔ̃ɔ̃rɔ̃	bóló
12. Nɔwolokakan	fá̰	tèlé	kɛ́lɛ́	kálá̰	wɔ̀ɔ̀rɔ̃	bóló
13. Sienkokakan	fá̰	tèré	kɛ́rɛ́	kárá̰	wɔ̀ɔ̀lɔ̃	bóró
14. Worodugukakan	kyí	tyè ~ tùè	kyɛ̀	kyéá ~ kéá	wɔ̃ɔ̃rɔ̃	bwɔ̃̋
15. Kanikakan	sìsɛ̀.krí	trè	krɛ̀	ʃyɛ́lɛ̀	wɔ̃ɔ̃lɔ̃	bró
16. Karanjankan	sìsɛ̀krí	tèrè	kɛ̀rɛ̀	kárá̰	wɔ̃ɔ̃lɔ̃	bóró
17. Siakakan	sìsɛ̀.kírí	tèrè	kɛ̀rɛ̀	gbíí	wɔ̃ɔ̃lɔ̃	bóró
18. Koyagakan	krí	tèrè	krɛ̀	krá	wɔ̃ɔ̃lɔ̃	bró ~ bóó
19. Korokan	sìsɛ̀.kírí	tèrè	kɛ̀rɛ̀	gbíí	wɔ̃ɔ̃lɔ̃	bóró
20. Sagakakan	sìsɛ̀.kírí	tèrè	kɛ̀rɛ̀	gbí	wɔɔ́rɔ̃	bóró ~ bró
21. Nigbikan	kírí	tèrè	krɛ̀	gbí	wɔɔ́lɔ̃	bró
22. Jula de Kong	sìsɛ̀.kírí	tèrè	kɛ̀rɛ̀	tɔ̰́	wɔɔ́rɔ̃	bóró
23. Jula véhiculaire	kílí ~ fá̰	tlè	kɛ̀lɛ̀	kálá̰	wɔɔ́rɔ̃	bóló

Alvéolaires
(suite)

	V1V/VrV /V{y/w}V/VV				
	91b "huile"	178 "avoir peur"	93 "nouveau"	41 "lune"	18 "sang"
1. Tenengakan	tűű	ʃyá	kwá	káá	yèè
2. Maukakan	túú	syáŋ	kwá	káá	yèè
3. Finangakan	trú	ʃyá	k^{u}lá	kálő	yèè
4. Korokakan	tűű	ʃyá	kwákwá	káró	yèè
5. Baralakakan	túrú	ʃyá	k^{u}lák^{u}lá	kálő	jèè
6. Wojenekakan	túrú	sìrà̰	kùlà	kálő	jèrì
7. Bodugukakan	túlú	sílá̰	kúrákúrá	káró	jèlì
8. Folokakan	túlú	syà̰	kùrà	káró	jèlì
9. Gbelebankakan	túlú	syà̰	kùrà	káró	jèlì
10. Tudugukakan	túlú	sìràɲà	kùrà	káró	jòlì
11. Vandugukakan	túlú	sírá̰	kúrá	kálő	báʃí
12. Nɔwolokakan	túrú	sìnà̰	kùrà	káró	bíʃí
13. Sienkokakan	túrú	ʃyɛ̰̀	kúrá	kálő	jèrì
14. Worodugukakan	tű	ʃyà	klwá	kálő	básí
15. Kanikakan	trú	ʃyá	ɸwáɸwá	kálő	básí
16. Karanjankan	túrú	ʃyá̰	ɸwá	kálő	bíʃí
17. Siakakan	túrú	ʃyá	klá	kálő	básí
18. Koyagakan	túrú	ʃyá	kláklá	kálő	básí
19. Korokan	túrú	ʃyá̰	k^{u}lák^{u}lá	káá	juè ~ básí
20. Sagakakan	túrú	ʃyá	k^{u}lák^{u}lá	kálő	básí
21. Nigbikan	túrú	ʃyá	k^{u}lák^{u}lá	kálő	básí
22. Jula de Kong	túrú	sírá̰	kúrá	kárí	jòrì
23. Jula véhiculaire	túrú	sírá̰	kúrá	kálő	jòlì

Alvéolaires
(suite)

	VrV/VrV/ V{y, w}V/VV/V				
	54 "montagne"	55 "chemin"	85b "bâton"	181 "montrer"	133 "courir"
1. Tenengakan	tì	ʃyá ~ syá	gbé	yɛ̀à	bwè
2. Maukakan	kùù	syá	gbéé	yàà	bwè
3. Finangakan	kùrù	ʃyá	gbéé ~gbéré	yèà	bɔ̃è
4. Korokakan	kǜǜ	ʃyá	gbéré	yèà	bwè
5. Baralakakan	kǜǜ	ʃyá	gbéré	yèà	bwè
6. Wojenekakan	kùrú	sírá	gbéré	yírá	bɔ́rí
7. Bodugukakan	kùrú	sírá	gbéré	yìrà	bɔ̀rì
8. Folokakan	kùrú	sílá	gbéré	yírá	bɔ́rí
9. Gbelebankakan	kùrú	síyá	gbré	yírá	bɔ́rí
10. Tudugukakan	kùrú	sírá	béré	yírá	bɔ́rí
11. Vandugukakan	kùrù	sírá	béré	yìrà	bɔ̀rì
12. Nɔwolokakan	kùrú	sírá	gbéré	yírá	bɔ̀rì
13. Sienkokakan	kùrú	ʃyá	gbéré	yírá	bwè
14. Worodugukakan	kǜ	ʃéákǘ ~ ʃyá	gbyé	jèà	bwì ~ bwè
15. Kanikakan	kùrù	ʃyá	gbéré	yàrà	bwè
16. Karanjankan	kùrù	ʃyá	gbéré	yàrà	bwè
17. Siakakan	kùrù	ʃyákɔ́rɔ́dé	béré	yàà	bwè kɛ́
18. Koyagakan	kùrù	ʃyá	kɔɔ̃mà̰	yà	bwì
19. Korokan	kùrù	ʃyá	kɔ̃rɔ̃mà̰	yàrà	bùè
20. Sagakakan	kùrù	ʃyá	kɔ̃rɔ̃mà̰	yàrà	bùè
21. Nigbikan	kùrù	ʃyá	kɔ̃rɔ̃mà̰	yàrà	bwḛ̀
22. Jula de Kong	kùrù	sírá	kɔ̃rɔ̃mà̰	yìrà	bɔ̀rì
23. Jula véhiculaire	kùrù	sírá	béré	yìrà	bɔ̀lì

Alvéolaires (suite)	VnV/VnV/ỵ̰ỵ̰						VnV/VnV/ỵ̰ỵ̰/ỵ̰		
	103 "plein"	109 "chaud"	117 "quatre"	157 "vomir"	161 "enfler"	152a "cultiver"	154 "brûler"	160 "respirer"	147a "chercher"
1. Tenengakan	fànḭ̀	gbɛ̰̀	nɛ́ḭ	fɔ̃́nɔ̰́	fṹnṹ	sɛ̰̀ɛ̰̀	jɛ̰̀	ɲákí kɛ́	ɲíí
2. Maukakan	fánḭ̀	gbɛ̰̀	néḭ ~ náaní	fɔ̰́ɔ̰́	fṵ́ṵ́ŋ	sɛ̰̀ɛ̰̀	ɲɛ̰̀ɛ̰̀ŋ	ɲákí kɛ́	ɲḭ́ḭ́
3. Finangakan	fànḭ̀	gbànṵ̀	náaní	fʷɔ̰́nɔ̰́	fṹnṹ	sèɛ̰̀	ɲɛ̰̀	ɲákí kɛ́	ɲḭ́ḭ́
4. Korokakan	fànḭ̀	gbànḭ̀	náaní	fɔ̰́nɔ̰́	fṹnṹ	sèɛ̰̀	ɲɛ̰̀	ɲákí kɛ́	ɲḭ́ḭ́
5. Baralakakan	fànḭ̀	gbànḭ̀	náaní	fʷɔ̰́nɔ̰́	fṹnṹ	sɛ̰̀ɛ̰̀	ɲɛ̰̀	ɲákí kɛ́	ɲíní
6. Wojenekakan	fànḭ̀	gbánḭ̀	nàànı́	fɔ̃̀nɔ̰̀	fũ̀nũ̀	sɛ́nɛ́	jɛ́ní	nũ̀nàkìrì	ɲìnì
7. Bodugukakan	fàlɛ̰̀	kálámá̰	nááni	fɔ̃́nɔ̰́	fṹnṹ	sɛ̀nɛ̀	jɛ̀nì	nṹnákílí	ɲíní
8. Folokakan	fànḭ̀	gbánḭ̀	nàànı́	fɔ̃̀nɔ̰̀	fũ̀nũ̀	sɛ́nɛ́	jɛ́ní	nũ̀nàkìlì	ɲìnì
9. Gbelebankakan	fànḭ̀	gbánḭ̀	nàànı́	fɔ̃̀nɔ̰̀	fũ̀nũ̀	sɛ́nɛ́	jɛ́ní	kínìnàkìlì	ɲìnì
10. Tudugukakan	fàɲɛ̀	gbá̰nɛ̀	nàànı́	fɔ̃̀nɔ̰̀	fũ̀nũ̀	sɛ́nɛ́	jɛ́ní	ɲànàkìlì`	ɲìnì
11. Vandugukakan	fàlà	gbà̰nà	naáni	fɔ̰́lɔ́	fṹnṹ	sɛ̀nɛ̀	jɛ̀nì	ɲánákílí	ɲíní
12. Nɔwolokakan	fànḭ̀	gbánḭ̀	nàànı́	fɔ̃̀nɔ̰̀	láfà	sɛ́nɛ́	jɛ́ní	nìnàkìrì	ɲìnì
13. Sienkokakan	fànḭ̀	gbánḭ̀	nàànı́	fɔ̃̀nɔ̰̀	láfũ̀nũ̀	sɛ́nɛ́	jɛ̰́	nìnàkìrì	ɲìnì
14. Worodugukakan	fànḭ̀	gbànḭ̀	náaní	fɔ̃̀nɔ̰̀	fũ̀nṵ̀	syɛ̰̀	jɛ̰̀ ~ jɛ̰̂	nínákí kɛ́	ɲì
15. Kanikakan	fànḭ̀	gbànḭ̀	náaní	fɔ̃́nɔ̰́	fṹnṵ́	sɛ̀nɛ̀	jɛ̰̀ɛ̰̀	–	ɲíní
16. Karanjankan	fànḭ̀	gbànḭ̀	náaní	fɔ̃́nɔ̰́	fṹnṹ	sɛ̀nɛ̀	jɛ̰̀	nínákírí	ɲíní
17. Siakakan	fà	gbànḭ̀	náaní	fɔ̃́nɔ̰́	fṹnṹ	sɛ̰̀ɛ̰̀	jɛ̰̀	–	táɣá fɛ́ɛ lá
18. Koyagakan	fànḭ̀	gbànḭ̀	náaní	fɔ̃́ɔnɔ̰́	fṹnṹ	syɛ̰̀	jɛ̰̀	nínákírí	ɲíí
19. Korokan	fànḭ̀	gbànḭ̀	náaní	tɛ́sɛ́	fṹnṹ	sɛ̀nɛ̀	jɛ̰̀	ɲánákírí	ɲírí
20. Sagakakan	fànḭ̀	gbànḭ̀	náaní	ɸʷɔ̃́ɔ̃́nɔ̰́	fṹnṹ	sɛ̀nɛ̀	jɛ̰̂ ~ jɛ̰̀	nínákírí	ɲíní
21. Nigbikan	fànḭ̀	gbànḭ̀	náaní	fɔ̃́nɔ̰́	fṹnṹ	sɛ̀nɛ̀	yɛ̰̀	nínákírí	ɲírí
22. Jula de Kong	fànḭ̀	gbànḭ̀	náaní	fɔ̃́ɔnɔ̃́	fṹnṵ́	sɛ̀nɛ̀	jɛ̀nì	nɛ́nɛ́kírí	ɲíní
23. Jula véhiculaire	fàlɛ̰̀	gbànḭ̀	náaní	fɔ̃́ɔ̃́nɔ̰́	fṹnṹ	sɛ̀nɛ̀	jɛ̀nì	nínákílí	ɲíní

Alvéolaires
(suite)

	VnV/VrV/V̰V̰/V̰/V				
	15 "ventre"	76 "oiseau"	100 "court"	147a "chercher"	210 "ne ... pas"
1. Tenengakan	kɔ̰́ɔ̰́	kɔ̰̀ɔ̰̀	sṵ̀ṵ̀	ɲíí	ká
2. Maukakan	kɔ̰́ɔ̰́	kɔ̰̀ɔ̰̀	sṵ́ṵ́	ɲḭ́ḭ́	kɛ́nà
3. Finangakan	kʷœ̰́	kwœ̰̀	sṵ̀ṵ̀	ɲḭ́ḭ́	kɛ́
4. Korokakan	kʷœ̰́	kwœ̰̀	ʃṵ̀ṵ̀ ~ sṵ̀ṵ̀	ɲḭ́ḭ́	kɛ́
5. Baralakakan	kʷœ̰́.báá	kwœ̰̀œ̰̀	sṵ̀ṵ̀ ~ syɛ̰̀ɛ̰̀	ɲíní	kà
6. Wojenekakan	kɔ́nɔ̰́	kɔ́nɔ̌	súnṵ́	ɲìnì	kàná
7. Bodugukakan	kɔ́nɔ́	kɔ̀nɔ̌	sùrṵ̀	ɲíní	kánà
8. Folokakan	kɔ́nɔ́	kɔ́nɔ̌	súrṵ́	ɲìnì	kàná
9. Gbelebankakan	kɔ́nɔ́	kɔ́nɔ̌	súrṵ́	ɲìnì	kàná
10. Tudugukakan	kɔ́nɔ́	kɔ́nɔ̌	súrṵ́	ɲìnì	kàná
11. Vandugukakan	kɔ́nɔ́	kɔ̀nɔ̌	sùrṵ̀	ɲíní	kánà
12. Nɔwolokakan	kɔ́nɔ́	kɔ́nɔ̌	súnṵ́	ɲìnì	kàná
13. Sienkokakan	kɔ́nɔ̰́	kɔ́nɔ̰̌	súnṵ́	ɲìnì	ká
14. Worodugukakan	kʷœ̰́ ~ kó̰ó̰	kwœ̰̀ ~ kwò̰ò̰	ʃṵ̀	ɲì	kà
15. Kanikakan	kɔ̰́nɔ̰́	kɔ̀rɔ̰̀	sùrṵ̀	ɲíní	kà
16. Karanjankan	kɔ́rɔ̰́	kɔ̀rɔ̰̀	sùrṵ̀	ɲíní	kánà
17. Siakakan	kɔ́nɔ̰́	kɔ̀nɔ̰̀	sùnṵ̀	táɣá fɛ́ɛ́ lá	kánà
18. Koyagakan	kɔ́rɔ̰́	kɔ̀rɔ̰̀ ~ krɔ̰̀	sùnṵ̀	ɲíí	kánà
19. Korokan	kɔ́nɔ̰́	kɔ̀nɔ̰̀	sùnṵ̀	ɲírí	kánà
20. Sagakakan	kɔ́rɔ̰́	kɔ̀rɔ̰̀	sùrṵ̀	ɲíní	kánà
21. Nigbikan	kɔ́rɔ̰́	kɔ̀nɔ̰̀	sùrṵ̀	ɲírí	kárà
22. Jula de Kong	kɔ́nɔ́	kɔ̀nɔ̀	sùrṵ̀	ɲíní	kánà
23. Jula véhiculaire	kɔ́nɔ́	kɔ̀nɔ̀	sùrṵ̀	ɲíní	kánà

Alvéolaires
(suite)

	VsV/VsV/VʃV					
	29 "femme"	61 "fumée"	139 "frapper"	158 "sucer"	176 "pleurer"	219 maïs"
1. Tenengakan	mùsò	sísí	gbàsì	lóòlóò	kàsì	gbàsì
2. Maukakan	mɔ̀sɔ̀ ~mòsò	sìsì	gbàsì	sósó ~fyò	kàsì kɛ̀	gbàsì
3. Finangakan	mɔ̀sɔ̀	sísí	gbìsì	sósó	kìsì	gbìsì
4. Korokakan	mùsò	sísí	gbàsì	nɔ̰́	kàsì	gbàsì
5. Baralakakan	mìsò	sísí	gbìsì	sɔ́sɔ́	kɨ̀sɨ̀	gbɨ̀sɨ̀
6. Wojenekakan	músǒ	sísí	gbísí	sòsò	kísí	gbògò
7. Bodugukakan	mòsò	sísí	gbìsì	sósó	kìsì	kàbà
8. Folokakan	músǒ	sísí	gbísí	sòsò	kísí	kàbà
9. Gbelebankakan	músǒ	sìsì	gbísí	sòsò	kísí	kàbà
10. Tudugukakan	músǒ	ʃíʃí	gbísí	ʃɔ̰̀ʃɔ̰̀	kísí	gbógó
11. Vandugukakan	mòsò	sísí	bùgɔ̀	ʃyɔ̰́ʃɔ̰́	kàʃì	gbàsò ~ kábá
12. Nɔwolokakan	músǒ	ʃíʃí	gbíʃí	sòsò	kísí	gbògò
13. Sienkokakan	músǒ	ʃíʃí	gbíʃí	sòsò	kísí	gbìʃì
14. Worodugukakan	mùsò	sísí	gbɛ̀sì	sósó	kàsì	gbòò ~ gòʁò
15. Kanikakan	mùsò	sísí	gbɛ̀sì	sósó	kàsì	gbògò
16. Karanjankan	mùsò	ʃíʃí	gbàʃì	sósó	kàʃì	gbàʃì
17. Siakakan	mùsò	sísí	gbɛ̀sì	sósó	kàsì	gùɣò
18. Koyagakan	mùsò	sísí	gbɛ̀sì	sósó	kàsì	gbòʁò
19. Korokan	mùsò	sísí	dɛ́rɛ́	sìmì	kàsì	gbòʁò
20. Sagakakan	mùsò	sísí	sɛ̰̀	sósó	kàsì	gbòʁò
21. Nigbikan	mùsò	sísí	dɛ́rɛ́	sósó	kàsì	gbógó
22. Jula de Kong	mùsò	sísí	bùgɔ̀	sɔ́zó̰	kòmbò	gbógó
23. Jula véhiculaire	mùsò	sísí	bùgɔ̀	súsú ~ só̰só̰	kàsì	kàbà

Palatales	VɲV/VɲV	Vélaires	VgV/VɣV/VʁV/VʔV/VV			
	149 "voler, dérober"		81 "mouton"	79 "poisson"	170 "pousser"	51 "terre"
1. Tenengakan	sɔ̀ɲà		sàà	yíʁɛ́	síí...má	dùù
2. Maukakan	sɔ̀ɲà kɛ́		sàà	yɛ́ɛ́ ~ yɔ́ɔ́	dí̱í̱	lùù
3. Finangakan	sɔ̀ɲà̱		sàɣà	yɛ́ɣɛ́ ~ yɛ́ɛ́	dí̱í̱	dùùkrɔ̀
4. Korokakan	sɔ̀ɲɛ̱̀		sàɣà	yɛ́ɣɛ́ ~ yɛ́ɛ́	dí̱í̱	dùùkwɔ̀̃
5. Baralakakan	ʃwɶ̀ɲɛ̱̀		sàà	yɛ́ʁɛ́	dígí	dùù
6. Wojenekakan	sɔ̱̀ɲɛ̱̀		sàgá	jɛ́gɛ́	dìgì̱	dùgú
7. Bodugukakan	sɔ̀ɲà		sàgà	jɛ́gɛ́	dígí̱	dùgùkɔ̀lɔ̀
8. Folokakan	súɲɛ́		sàá	jɛ́ɛ́	dì̱ì̱	dùú
9. Gbelebankakan	súɲɛ́		sàá	jɛ́ɛ́	dìì̱	dùúkɔ̀lɔ̀
10. Tudugukakan	sɔ̀ɲà		sàɣá	jɛ́gɛ́	dìgì	dùgúkɔ̀lɔ̀
11. Vandugukakan	sɔ́ɲá		sàʔà	jɛ́ʔɛ́	díʔí	dùʔúkɔ̀lɔ̀
12. Nɔwolokakan	sɔ̀ɲà		sàɣá	jɛ́gɛ́	dì̱gì	dùgúkɔ̀rɔ̀
13. Sienkokakan	sɔ́ɲá		sàɣá	jɛ́gɛ́	dìgì̱	dùgúkɔ̀rɔ̀
14. Worodugukakan	sɔ́ɲá		sàʁà	jígɛ́ ~ jɛ́ʁɛ́	dígí	dùgù ~ dùù
15. Kanikakan	sɔ̀ɲà		sàʁà	yɛ́ʁɛ́	dí̱gí	dùù
16. Karanjankan	sɔ̀ɲà̱		sàgà	yɛ́gɛ́	dígí̱	dùgù
17. Siakakan	sɔ̀ɲà		sàɣà	yɛ́ɣɛ́	dígí	dùgù
18. Koyagakan	sɔ̀ɲà		sàʁà	jɛ́ʁɛ́	dígí	dùù
19. Korokan	sɔ̀ɲɛ̀		sàʁà	yɛ́gɛ́	dígí	dùgù
20. Sagakakan	sɔ̀ɲà		sàʁà	yɛ́ʁɛ́	dígí	dùgù
21. Nigbikan	sɔ̀ɲà		sàʁà	yɛ́gɛ́	dígí	dùgùkɔ̀rɔ̀
22. Jula de Kong	sɔ̀ɲà		sàʁà	yígɛ̱́	dígí	dùgùkɔ̀rɔ̀
23. Jula véhiculaire	sɔ̀ɲà ~ sùɲà		sàgà ~ sàʁà	jɛ́gɛ́	dígí	dùgù ~ dùgùkɔ̀lɔ̀

Vélaires (suite)

			VgV/VgV/VyV/wV/VV			
	17 "boyaux"	38 "nom"	64 "trou"	126 "vingt"	144a "couper"	121 "huit"
1. Tenengakan	nòò	tɔ̃ɔ̃	dìyà̰	mùà	tìgɛ̀	sɛ́ḭ́
2. Maukakan	nòò	tɔ̃ɔ̃	gyà̰ ~ jà̰	mùá	tɛ̀ɛ̀	sɛ́yḭ́
3. Finangakan	nɔ̀ɔ̀	tɔ̃ɣɔ̃	dùù	mùà	tɛ̀gɛ̀	sɛ́yḭ́
4. Korokakan	nòò	tɔ̃ɔ̃	jàà	mùà	tìgɛ̀	sɛ́yḭ́
5. Baralakakan	nòò	tɔ̃ɔ̃	dùù	mùà	tɛ̀gɛ̀	sɛ́yḭ́
6. Wojenekakan	nògó	tɔ̃ɣɔ̃	dḭ́ŋɛ̀	múgǎ̰	tɛ́gɛ́	sɛ̀yḭ́
7. Bodugukakan	nògò	tɔ̃ɣɔ̃	jìɲà	mùgà̰	tìgɛ̀	sɛ́gḭ́
8. Folokakan	nòó	tɔ̃ɔ̃	díyɛ̰̀	múǎ̰	tɛ́ɛ́	sɛ̀yí
9. Gbelebankakan	nòó	tɔ̃ɔ̃	díɲɛ̀	mùà̰	tɛ́ɛ́	sɛ̀yí
10. Tudugukakan	nògó	tɔ̃ɣɔ̃	jígà̰	mùgǎ̰	tɛ́gɛ́	ʃyɛ̰̀gí
11. Vandugukakan	nòʔò	tɔ̃ʔɔ̃	dnà̰	mùgà̰	tìgɛ̀	sɛ́yḭ́
12. Nɔwolokakan	nògó	tɔ̃ɣɔ̃	jḭ́gà̰	mùgǎ̰	tɛ́gɛ́	sɛ̀yḭ́
13. Sienkokakan	nògó	tɔ̃ɣɔ̃	dḭ̀gà	mùgǎ̰	tɛ́gɛ́	sɛ̀yḭ́
14. Worodugukakan	nògò	tɔ̃ʁɔ̃	gyɛ̀à	mwà	tɛ̀gɛ̀	sɛ́yḭ́
15. Kanikakan	nɔ̀ɣɔ̃ ~ nòɣò	tɔ̃ɣɔ̃	jà̰ɣà	mùà	tɛ̀gɛ̀	sɛ́yí
16. Karanjankan	nòɣò	tɔ̃ɣɔ̃	jɛ̰̀gà	mùà̰	tɛ̀gɛ̀	sɛ́yḭ́
17. Siakakan	nɔ̀ɣɔ̃	tɔ̃ɣɔ̃	jà̰ɣà	mwà̰	tɛ̀ɣɛ̀	sɛ́yḭ́
18. Koyagakan	ndòʁò	tɔ̃ʁɔ̃	jà̰ʁà	m^{u}wà̰	tɛ̀gɛ̀	séyḭ́
19. Korokan	nògò	tɔ̃ʁɔ̃	jà̰ʁà	mùò̰	tɛ̀gɛ̀	sɛ́yḭ́
20. Sagakakan	nògò	tɔ̃ʁɔ̃	jà̰ʁà	mùà	tɛ̀gɛ̀	seéɲí
21. Nigbikan	nògò	tɔ̃ʁɔ̃	jà̰ʁà	m^{u}wà̰	tɛ̀gɛ̀	sɛɛ́gḭ́
22. Jula de Kong	nùgù	tɔ̃ʁɔ̃	dḭ̀^{n}gà	mùgà̰	tìgɛ̀	ʃyégí
23. Jula véhiculaire	nùgù	tɔ̃gɔ̃ ~ tɔ̃ʁɔ̃	dḭ̀gà	mùgà̰	tìgɛ̀	séégí

b. - CORRESPONDANCES ENTRE LES PARLERS MANDING DE COTE-D'IVOIRE D'UN POINT DE VUE *VOCALIQUE*

Voyelles orales antérieures : i / i - i / e - i / u - e / e - ε / ε - ε / e - ε / i - a / a - a / i~ε
Voyelles orales postérieures : ɔ / ɔ - o / o - o / u et o / ɔ - u / u
Voyelles nasales : ḭ / ḭ - ḭ / ṵ - ṵ / ṵ - ḛ / ḛ - ε̰ / ε̰ - o̰ / o̰ - ɔ̰ / ɔ̰ - a̰ / a̰ - a̰ / ε̰ - ḭ / i - ḭ / i / ḛ / ε̰ - ḛ / e - ḛ / e / ḭ / i - ε̰ / ε - a̰ / a - ɔ̰ / ɔ - o̰ / o - ṵ / u
Voyelles antérieures arrondies : u / ü - o / ö - ɔ / œ
Suites CVCV/CVV : CV_1\{ l / r \}V_1/CyV/CVV - CV_1\{ l / r \}V_2/CyV - CV_1\{ l / r \}V_1/CwV/CV_1V_1 - CV_1CV_2/CwV/CV_1V_2 - ṵ / ṵ̈ - CVmV/Cwœ̰/Cwö̰
Suites CVnV/CV̰V̰ : Cini / Cḭḭ - Cεnε / Cε̰ε̰ - Cɔnɔ / Cɔ̰ɔ̰ - Cunu / Cṵṵ - Cimi / Cḭḭ - Cumu / Cṵṵ -
Suites CVgV/CVV : Cigi / Cii - C{ε / i}gi / Cii - Caga / Caa - Cɔgɔ / Cɔɔ - Cogo / Coo - Cugu / Cuu -

Orales antérieures	i / i						
	61 "fumée"	82 "vache"	85a "arbre"	106 "bon"	147a "chercher"	168 "jeter"	212 "si"
1. Tenengakan	sísí	nìsì	yíí	dí	ɲíí	làfìì	ní
2. Maukakan	sìsì	nìsì	yílí	dí	ɲí̱í̱	làfìì	ní
3. Finangakan	sísí	mìsì	yíí ~ yírí	dí	ɲí̱í̱	frì	ní
4. Korokakan	sísí	nìsìmùsò	yíí	dí	ɲí̱í̱	láfìì	ní
5. Baralakakan	sísí	mìʃì	yírí	dí	ɲíní	fìì	ní
6. Wojenekakan	sísí	mísǐ ~ ndísǐ	yírí	dì	ɲìnì	ràfírí	nì
7. Bodugukakan	sísí	mìsì	yírí	ɲì	ɲíní	fìlì	ní
8. Folokakan	sísí	mísǐ	yírí	dì	ɲìnì	làfílí	ní
9. Gbelebankakan	sìsì	nísǐ	yírí	ɲì	ɲìnì	làfílí	ní
10. Tudugukakan	ʃíʃí	míʃǐ	jírí	dì	ɲìnì	fílí	ní
11. Vandugukakan	sísí	mìʃì	yírí	dí	ɲíní	fìlì	ní
12. Nɔwolokakan	ʃíʃí	míʃǐ	yírí	dì	ɲìnì	làfíí	nì
13. Sienkokakan	ʃíʃí	ndíʃǐ	jírí	dì	ɲìnì	làfírí	nì
14. Worodugukakan	sísí	ndìsìmùsò	gyí ~ yíí	dí	ɲì	fìì	ní
15. Kanikakan	sísí	ndìsì	yírí	dí	ɲíní	fìrì	ní
16. Karanjankan	ʃíʃí	ndìʃìmùsò	yírí	dí	ɲíní	fìrì	ní
17. Siakakan	sísí	ndìsì	yírí	dí	táɣá fɛ́ɛ́ lá	fìlì	–
18. Koyagakan	sísí	ndìsì	yírí	dí	ɲíí	fìì	ní
19. Korokan	sísí	nìsì	yírí	ɲì	ɲírí	fìrì	ní
20. Sagakakan	sísí	ndìsì	yírí	dí	ɲíní	frì	ní
21. Nigbikan	sísí	nìsìmùsò	yírí	dí	ɲírí	fìrì	ní
22. Jula de Kong	sísí	mìsìmùsò	yírísṵ́	dí	ɲíní	fìrì	ní
23. Jula véhiculaire	sísí	mìsì	yírísṵ́	dí	ɲíní	fìrì	ní

Orales antérieures (suite)	**i / e**					**i / u**
	4 "poil"	56 "eau"	131 "envoyer en commission"	144c "fendre"	187 *pronon 2e pers. sg.*	83 "pou de tête"
1. Tenengakan	ʃyé	jí	lɔ́ ~ cé	cè	í	ɲúmú
2. Maukakan	ʃyé ~ syé	yí ~ gyí	cé	kyè	í	ɲú̠ú̠ ~ nú̠ú̠
3. Finangakan	ʃyé	jí	cé	cè	í	ɲú̠
4. Korokakan	ʃyé	jí	látáɣá cé lá	cè	í	ɲú̠ ~ ɲúmú
5. Baralakakan	ʃyé	jí	cé	cì	í	ɲú̠
6. Wojenekakan	ʃyé ~ ʃé	jí	cè	cí	ì	ɲímí
7. Bodugukakan	sí	jí	cí	cì	í	ɲímí
8. Folokakan	sí	jí	cè	cí	í	ɲímí
9. Gbelebankakan	sí	jí	cè	cí	í	ɲímí
10. Tudugukakan	ʃyé	jí	cè	cé	é	ɲímí
11. Vandugukakan	ʃyé	jí	cí	cè	é	ɲímí
12. Nɔwolokakan	ʃyé	jí	cè	cé	í	ɲímí
13. Sienkokakan	ʃyé	jí	cé	cé	í	ɲímí
14. Worodugukakan	ʃyé ~ ʃé	jé	cè	cè	í	ɲúmú̠
15. Kanikakan	ʃyé	jé	cé	cè	í	ɲúmú
16. Karanjankan	ʃyé	jí	cé	cè	í	ɲímí
17. Siakakan	ʃyé	yé	cé	cè	í	ɲúmúgú
18. Koyagakan	ʃyé	jé	cé	cè	í	ɲúmúʁú
19. Korokan	ʃyé	jé	cé	tàrà	é	ɲúmúgú
20. Sagakakan	ʃyé	jé	cé	cè	í	ɲémú
21. Nigbikan	ʃyé	jé	cé	cè	é	ɲémúgú
22. Jula de Kong	ʃyé	jé	cé	cè	é	kàra̠gbà
23. Jula véhiculaire	síí	jí	cí	cì	í ~ é	ɲímí ~ ɲímúgú

Orales antérieures (suite)	**e / e**				**ɛ / ɛ**			
	44 "soleil"	85b "bâton"	135 "arriver"	181a "voir"	28 "mâle"	65 "calebasse"	69 "guerre"	175 "rire"
1. Tenengakan	tèè	gbé	nà	jé	cɛ̀	fyɛ́	kɛ̀ɛ̀	yɛ́ɛ́
2. Maukakan	tèè	gbéé	sé	yé	cɛ̀ ~ kyɛ̀	fyɛ́	kɛ̀ɛ̀	yɛ́ɛ́
3. Finangakan	tèè	gbéé ~ gbéré	nà	yé	cɛ̀	fyɛ́	krɛ̀	yɛ́ɛ́
4. Korokakan	tìì ~ tèè	gbéré	sé	yé	cɛ̀	fyɛ́	kyɛ̀	yɛ́ɛ́
5. Baralakakan	tèrè	gbéré	nà	yé	cɛ̀	fyɛ́	kɛ̀rɛ̀ ~ krɛ̀	yɛ́ɛ́
6. Wojenekakan	tèré	gbéré	sè	yè	cɛ̌	fyɛ́	kɛ́lɛ́	yɛ̀lɛ̀
7. Bodugukakan	tèlè	gbéré	sé	yé	cɛ̀	sɛ́	kɛ̀lɛ̀	yɛ́lɛ́
8. Folokakan	tèlé	gbéré	sè	yè	cɛ̌	fɛ́	kɛ́lɛ́	yɛ̀lɛ̀
9. Gbelebankakan	tèlé	gbré	sè	yè	cɛ̌	fɛ́	kɛ́lɛ́	yɛ̀lɛ̀
10. Tudugukakan	tèlé	béré	sè	yé	cɛ̌	ʃyɛ́	kɛ́lɛ́	yɛ̀lɛ̀
11. Vandugukakan	tèlè	béré	sé	yè	cɛ̀	ʃyɛ́	kɛ̀lɛ̀	yɛ́lɛ́
12. Nɔwolokakan	tèlé	gbéré	sè	yè	cɛ̌	fyɛ́	kɛ́lɛ́	jɛ̀lɛ̀
13. Sienkokakan	tèré	gbéré	sè	jé	cɛ̌	fíyɛ́	kɛ́rɛ́	jɛ̀rɛ̀
14. Worodugukakan	tyè ~ tùè	gbyé	sé	jé	cɛ̀	ʃyɛ́ ~ fyɛ́	kyɛ̀	jɛ́ɛ́
15. Kanikakan	trè	gbéré	nà	yé	cɛ̀	ʃyɛ́	krɛ̀	yérɛ́kɔ́
16. Karanjankan	tèrè	gbéré	nà	yé	cɛ̀	ʃyɛ́	kɛ̀rɛ̀	yɛ́rɛ́
17. Siakakan	tèrè	béré	nà	yé	cɛ̀	fyɛ́	kɛ̀rɛ̀	yɛ́ɛ́
18. Koyagakan	tèrè	kɔɔ̀mà̰	sé	yé	cɛ̀	fw̃ɛ́	krɛ̀	yɛ́ɛ́kɔ́
19. Korokan	tèrè	kɔ̀rɔ̀mà̰	sé	yé	cɛ̀	fyɛ́	kɛ̀rɛ̀	yɛ́rɛ́
20. Sagakakan	tèrè	kɔ̀rɔ̀mà̰	sé	yé	cɛ̀	fyɛ́	kɛ̀rɛ̀	yɛ́rɛ́kɔ́
21. Nigbikan	tèrè	kɔ̀rɔ̀mà̰	sé	yé	cɛ̀	fyɛ́	krɛ̀	yɛ̀rɛ̀
22. Jula de Kong	tèrè	kɔ̀rɔ̀mà̰	sé	yé	cɛ̀	fyɛ́	kɛ̀rɛ̀	yɛ́rɛ́kɔ́
23. Jula véhiculaire	tlè	béré	sé	yé	cɛ̀	flɛ̰́	kɛ̀lɛ̀	yɛ́lɛ́

Orales antérieures (suite)	**ε / e**		**ε / i**		**a/a**			
	218 "fer"	121 "huit"	79 "poisson"	144a "couper"	1 "bouche"	53 "pierre"	81 "mouton"	130 "venir"
1. Tenengakan	nὲgὲ	sέί̱	yíʁέ	tìgὲ	dá	káwá	sàà	nà
2. Maukakan	nèè	sέyí̱	yɔ̃́ɔ̃́ ~ yέέ	tὲὲ	lá	káwá	sàà	nà
3. Finangakan	nὲὲ	sέyí̱	yέέ ~ yέɣέ	tὲgὲ	dá	káwá	sàɣà	nà
4. Korokakan	nὲὲ	sέyí̱	yέέ ~ yέɣέ	tìgὲ	lá	káwá	sàɣà	nà
5. Baralakakan	nὲɣὲ	sέyí̱	yέʁέ	tὲgὲ	lá	káwá	sàà	nà
6. Wojenekakan	nὲgέ	sὲyí̱	jέgέ	tέgέ	dá	kàbá	sàgá	ná
7. Bodugukakan	nὲgὲ	sέgí̱	jέgέ	tìgὲ	dá	kábá	sàgà	nà
8. Folokakan	nὲgέ	sèyí	jέέ	tέέ	dá	kàbá	sàá	ná
9. Gbelebankakan	nὲέ	sèyí	jέέ	tέέ	dá	kàbá	sàá	ná
10. Tudugukakan	nὲgέ	ʃyὲ̱gí	jέgέ	tέgέ	dá	kàwá	sàɣá	ná
11. Vandugukakan	nὲʔὲ	séyí̱	jέʔέ	tìgὲ	dá	káwá	sàʔà	nà
12. Nɔwolokakan	nὲgέ	sὲyí̱	jέgέ	tέgέ	dá	kàbá	sàɣá	ná
13. Sienkokakan	nὲgέ	sὲyí̱	jέgέ	tέgέ	dá	kàbá	sàɣá	nà
14. Worodugukakan	ndὲʁὲ	sέyí̱	jígέ ~ jέʁέ	tὲgὲ	dá	kává ~ káwá	sàʁà	nà
15. Kanikakan	nὲgὲ	sέyí	yέʁέ	tὲgὲ	dá	kává	sàʁà	nà
16. Karanjankan	nὲgὲ	sέyí̱	yέgέ	tὲgὲ	dá	káwá	sàgà	nà
17. Siakakan	nὲɣὲ	sέyí̱	yέɣέ	tὲɣὲ	dá	káwá.dḛ́	sàɣà	nà
18. Koyagakan	nὲgὲ	séyí̱	jέʁέ	tὲgὲ	dá	káwá	sàʁà	nà
19. Korokan	nὲgὲ	sέyí̱	yέgέ	tὲgὲ	dá	gbárá	sàʁà	nà
20. Sagakakan	ndὲgὲ	seéɲí	yέʁέ	tὲgὲ	dá	káwá	sàʁà	nà
21. Nigbikan	nὲgὲ	sεέgí̱	yέgέ	tὲgὲ	dá	káwá	sàʁà	nà
22. Jula de Kong	nὲgὲ	ʃyégí	yígḛ́	tìgὲ	dá	káwá	sàʁà	nà
23. Jula véhiculaire	nὲgὲ	séégí	jέgέ	tìgὲ	dá	kábákṹrṹ	sàgà ~ sàʁà	nà

Orales antérieures (suite)	**a / i ~ ɛ**			
	70 "pagne, tissu"	139 "frapper"	176 "pleurer"	219 "maïs"
1. Tenengakan	fànì	gbàsì	kàsì	gbàsì
2. Maukakan	fàànì	gbàsì	kàsì kɛ̀	gbàsì
3. Finangakan	fàɣànì	gbìsì	kìsì	gbìsì
4. Korokakan	fàànì	gbàsì	kàsì	gbàsì
5. Baralakakan	fàɣànì	gbìsì	kɨ̀sɨ̀	gbɨ̀sɨ̀
6. Wojenekakan	fáɣánì	gbísí	kísí	gbògò
7. Bodugukakan	fànì	gbìsì	kìsì	kàbà
8. Folokakan	fánì	gbísí	kísí	kàbà
9. Gbelebankakan	fánì	gbísí	kísí	kàbà
10. Tudugukakan	fánì	gbísí	kísí	gbógó
11. Vandugukakan	fìnì	bùgɔ̀	kàʃì	gbàsò~kábá
12. Nɔwolokakan	fánì	gbíʃí	kísí	gbògò
13. Sienkokakan	fánì	gbíʃí	kísí	gbìʃì
14. Worodugukakan	fàʁànì	gbɛ̀sì	kàsì	gòʁò~gbòò
15. Kanikakan	fànì	gbɛ̀sì	kàsì	gbògò
16. Karanjankan	fànì	gbàʃì	kàʃì	gbàʃì
17. Siakakan	fànì ~ bɛ̀ɛ̀gbɛ́	gbɛ̀sì	kàsì	gùɣò
18. Koyagakan	fànì	gbɛ̀sì	kàsì	gbòʁò
19. Korokan	fà̰	dɛ́rɛ́	kàsì	gbòʁò
20. Sagakakan	fànì	sɛ̰̀	kàsì	gbòʁò
21. Nigbikan	fànì	dɛ́rɛ́	kàsì	gbógó
22. Jula de Kong	fànì	bùgɔ̀	kòmbò	gbógó
23. Jula véhiculaire	fànì	bùgɔ̀	kàsì	kàbà

Orales postérieures	ɔ/ɔ				o/o		
	38 "nom"	57b "marigot"	98 "étroit"	119 "six"	26 "queue"	71 "viande"	143 "laver"
1. Tenengakan	t ɔ́ɔ́	ɸwɔ̀	d ɔ́ɔ́	wɔ́ r ɔ́	nɔ̀ l à	s òò	ɸwò
2. Maukakan	t ɔ́ɔ́	kwɔ̀	l ɔ́ɔ́	wɔ́ɔ́ r ɔ́	kwó ~ kwó l á	s òò	kwò
3. Finangakan	t ɔ́ɣɔ́	kwɔ̀	l ɔ́ɣɔ́	wɔ́ɔ́ r ɔ́	kwó	s òò	kwò
4. Korokakan	t ɔ́ɔ́	kwɔ̀	l ɔ́ɔ́	wɔ́ɔ́ r ɔ́	nɔ̀ r à	s òò	kwò
5. Baralakakan	t ɔ́ɔ́	kwɔ̀	l ɔ́ɔ́ ~ l ɔ́ɣɔ́	wɔ́ɔ́ l ɔ́	kwó	s òò	kwò
6. Wojenekakan	t ɔ́ɣɔ́	kɔ̌	d ɔ́gɔ́	wɔ̀ɔ̀ r ɔ́	kó	s ògó	kó
7. Bodugukakan	t ɔ́ɣɔ́	kɔ̀	d ɔ́ɣɔ́	wɔ́ɔ́ r ɔ́	kó	s ògò	kò
8. Folokakan	t ɔ́ɔ́	kɔ̌	d ɔ̀ɔ̀ ~ d ɔ̀ɣɔ̀	wɔ̀ɔ̀ r ɔ́	kó	s òó ~ s òɣó	kó
9. Gbelebankakan	t ɔ́ɔ́	kɔ̌	d ɔ̀ɔ̀	wɔ̀ɔ̀ r ɔ́	kó	s òó	kó
10. Tudugukakan	t ɔ́ɣɔ́	kɔ̌	d ɔ̀ɣɔ̀	wɔ̀ɔ̀ r ɔ́	kó	s ògó	kó
11. Vandugukakan	t ɔ́ʔɔ́	kɔ̀	d ɔ́ʔɔ́	wɔ́ɔ́ r ɔ́	kwó	s òò	kò
12. Nɔwolokakan	t ɔ́ɣɔ́	kwɔ̌	d ɔ̀ɣɔ̀	wɔ̀ɔ̀ r ɔ́	kwó	s ògǒ	kó
13. Sienkokakan	t ɔ́ɣɔ́	kɔ̀	d ɔ̀ɣɔ̀	wɔ̀ɔ̀ r ɔ́	kwó	s ògǒ	kó
14. Worodugukakan	t ɔ́ʁɔ́	ɸwɔ̀	d ɔ́ʁɔ́	wɔ́ɔ́ l ɔ́	ɸwó	s òʁò ~ s òò	ɸwò
15. Kanikakan	t ɔ́ɣɔ́	ɸwɔ̀	d ɔ́ʁɔ́	wɔ́ɔ́ l ɔ́	ɸwó	s òʁò	ɸwò
16. Karanjankan	t ɔ́ɣɔ́	ɸwɔ̀	d ɔ́ʁɔ́	wɔ́ɔ́ l ɔ́	ɸwó	s ògò	ɸwò
17. Siakakan	t ɔ́ɣɔ́	kwɔ̀	N + n ḭ	wɔ́ɔ́ l ɔ́	kwó	s òɣò	ɸwò
18. Koyagakan	t ɔ́ʁɔ́	ɸwɔ̀	d ɔ́ʁɔ́	wɔ́ɔ́ l ɔ́	ɸwó	s òʁò	ɸwò
19. Korokan	t ɔ́ʁɔ́	ɸwɔ̀	d ɔ́ʁɔ́	wɔ́ɔ́ l ɔ́	ɸwó	s ògò	ɸwò
20. Sagakakan	t ɔ́ʁɔ́	ɸwɔ̀	d ɔ́ʁɔ́	wɔɔ́ r ɔ́	ɸwó	s òʁò	ɸwò
21. Nigbikan	t ɔ́ʁɔ́	ɸwɔ̀	d ɔ́ʁɔ́	wɔɔ́ l ɔ́	ɸwó	s ògò	ɸwò
22. Jula de Kong	t ɔ́ʁɔ́	kwɔ̀	d ɔ́ʁɔ́	wɔɔ́ r ɔ́	kwó	s ògò	kwò
23. Jula véhiculaire	t ɔ́ʁɔ́ ~ t ɔ́gɔ́	kɔ̀	d ɔ́ʁɔ́	wɔɔ́ r ɔ́	kó	s ògò	kò

Orales postérieures (suite)	**o/u** et **o/ɔ**			**u/u**	
	17 "boyaux"	107 "méchant"	158 "sucer"	14 "cul"	51 "terre"
1. Tenengakan	nòò	yóʁó	lóòlóò	júkú̱	dùù
2. Maukakan	nòò	yúú ~ yóó	sósó ~ fyò ~ nɔ̱̀	zùkú̱ ~ zù	lùù
3. Finangakan	nɔ̀ɔ̀	yóó	sósó	jú	dùùkrò
4. Korokakan	nòò	yóɣó	nɔ̱́	jú	dùùkwȍ
5. Baralakakan	nòò	yúú	sɔ́sɔ́	jígbóró	dùù
6. Wojenekakan	nògó	jùgù	sòsò	jǔ	dùgú
7. Bodugukakan	nògò	júgú	sósó	jú	dùgùkòlò
8. Folokakan	nòó	jùù	sòsò	jǔ	dùú
9. Gbelebankakan	nòó	jùù	sòsò	jǔ	dùúkòlò
10. Tudugukakan	nògó	jùgù	ʃɔ̱̀ʃɔ̱̀	jùgbírí	dùgúkòlò
11. Vandugukakan	nòʔò	júʔú	ʃyɔ̱́ʃɔ̱́	júgúrí	dùʔúkòlò
12. Nɔwolokakan	nògó	júgú	sòsò	jǔ	dùgúkòrò
13. Sienkokakan	nògó	júgú	sòsò	jǔ	dùgúkòrò
14. Worodugukakan	nògò	jú̱ ~ júú	sósó	júkú̱	dùgù ~ dùù
15. Kanikakan	nɔ̀ɣɔ̀ ~ nòɣò	júgú̱	sósó	júkʷó̱	dùù
16. Karanjankan	nòɣò	júgú	sósó	jú	dùgù
17. Siakakan	nɔ̀ɣɔ̀	júgú	sósó	jú	dùgù
18. Koyagakan	ndòʁò	júgú	sósó	jú	dùù
19. Korokan	nògò	júgú	sìmì	jú	dùgù
20. Sagakakan	nògò	júgú	sósó	júkú̱	dùgù
21. Nigbikan	nògò	júgú	sósó	jú	dùgùkòrò
22. Jula de Kong	nùgù	júgú	sɔ́zó̱	jú	dùgùkòrò
23. Jula véhiculaire	nùgù	júgú	súsú ~ só̱só̱	jú	dùgù ~ dùgùkòlò

Nasales	i̱/i̱				i̱/u̱	u̱/u̱		
	5 "dent"	89 "herbe"	140 "mordre"	156 "boire"	9 "sein"	7 "nez"	3 "tête"	94 "profond"
1. Tenengakan	ɲí̱ŋ	bí̱	kí̱	mì̱̣	sí̱	nú̱	kù̱ŋ	dù̱
2. Maukakan	ɲí̱ŋ	bí̱ŋ	kí̱ŋ	mì̱	sí̱ŋ	nú̱ŋ	kù̱ŋ	dù̱
3. Finangakan	ɲí̱ŋ	bí̱	kí̱	mì̱	sú̱	nű̱ŋmɛ́á	kù̱ŋ	jà
4. Korokakan	ɲí̱	bé̱	kí̱	mì̱	sí̱ ~ sú̱	nú̱	kù̱	dù̱
5. Baralakakan	ɲí̱	bí̱	kí̱	mì̱	sú̱	nú̱	kù̱	dù̱ɲánì̱
6. Wojenekakan	ɲí̱	bí̱	kì̱	mí̱	sú̱	nú̱	kǔ̱	dú̱
7. Bodugukakan	ɲí̱	bí̱	kí̱	mì̱	sí̱	nú̱	kù̱	dù̱
8. Folokakan	ɲí̱	bí̱	kì̱	mí̱	sí̱	nú̱	kǔ̱	dù̱
9. Gbelebankakan	ɲí̱	bí̱	kì̱	mí̱	sú̱	nú̱ ~ nú̱brá	kǔ̱gòlò	dù̱
10. Tudugukakan	ɲí̱	bí̱	kì̱	mí̱	sí̱	nú̱	kǔ̱gòlò	dù̱
11. Vandugukakan	ɲí̱	bí̱	kí̱	mì̱	sí̱	nú̱ ~ nú̱gálá	kù̱gòlò	dù̱
12. Nɔwolokakan	ɲí̱	bí̱	kí̱	mí̱	sú̱	nú̱	kǔ̱gòlò	dù̱
13. Sienkokakan	ɲí̱	bí̱	kì̱	mí̱	sú̱	nú̱	kù̱	jà
14. Worodugukakan	ɲí̱	bí̱	kì̱ ~ kè̱	mì̱	sí̱	nú̱	kù̱	jà
15. Kanikakan	ɲí̱	bí̱	kí̱	mì̱	sí̱	nú̱	kù̱ŋ	dù̱
16. Karanjankan	ɲí̱	bí̱	kí̱	mì̱	sú̱	nú̱	kù̱	jà
17. Siakakan	ɲí̱.dé̱	bí̱	kí̱	mì̱	sí̱	nú̱	kù̱ŋ	dù̱
18. Koyagakan	ɲí̱	bí̱	kí̱	mì̱	sí̱	nú̱	kù̱gòrò	dù̱
19. Korokan	ɲí̱	bí̱	kí̱	mì̱	sí̱	nú̱	kù̱	dù̱
20. Sagakakan	ɲí̱	bí̱	kí̱	mì̱	sí̱	nú̱	kù̱	dù̱
21. Nigbikan	ɲí̱	bí̱	kí̱	mì̱	sí̱	nú̱gbá̱	kù̱	dù̱
22. Jula de Kong	ɲí̱	bí̱	kí̱	mì̱	sí̱	nú̱	kù̱ ~ kù̱gòlò	dù̱
23. Jula véhiculaire	ɲí̱	bí̱	kí̱	mì̱	sí̱	nú̱	kù̱ ~ kù̱gòlò	dù̱

Nasales (suite)

	ḛ/ḛ		ɛ̰/ɛ̰			o̰/o̰	ɔ̰/ɔ̰	
	12a "jambe"	34 "enfant"	6 "langue"	91a "graisse"	182 "entendre"	58 "case"	157 "vomir"	173 "danser"
1. Tenengakan	sḛ̀	déŋ	ɲɛ̰̀	cɛ́	mɛ̰́	bó̰músó	fɔ́nɔ̰́	dɔ̰̀ kɛ́
2. Maukakan	sèŋ	dyéŋ	ɲɛ́ŋ	cɛ́ŋ	myɛ̰́	ɓóŋ	fɔ̰́ɔ̰̀	lɔ̰̀ŋ kɛ́
3. Finangakan	ʃyḛ̀ŋ	jḛ́ŋ	ɲɛ̰̀ŋ	cɛ̰́	myɛ̰́	bwó̰	fʷɔ̰́nɔ̰́	jɔ̰̀ kɛ́
4. Korokakan	ʃyḛ̀ŋ	jḛ́ŋ	ɲɛ̰̀	cɛ́	mɛ̰́	bó̰musó	fɔ̰́nɔ̰́	lɔ̰́ kɛ́
5. Baralakakan	ʃyḛ̀ŋ	jḛ́ŋ	ɲɛ̰̀	cɛ̰́	myɛ̰́	bó̰	fʷɔ̰́nɔ̰́	jɔ̰́ kɛ́
6. Wojenekakan	sḛ̌	dḛ́	nɛ̰̌	kɛ̰́ ~ cɛ̰́	myɛ̰̀	bó̰	fɔ̀nɔ̰̀	dɔ̰̌ kɛ̀
7. Bodugukakan	sḛ̀	dḛ́	nɛ̰̀	kɛ̰́	myɛ̰̀	bó̰	fɔ́nɔ̰́	dɔ̰́ kɛ̀
8. Folokakan	sḛ̌	dḛ́	nɛ̰̌	kɛ̰́	mɛ̰̀	bó̰ ~ bo̰gurinḭ́	fɔ̀nɔ̰̀	dɔ̰̌
9. Gbelebankakan	sḛ̀	dḛ́	nɛ̰̌	cɛ̰́	mɛ̰̀	bó̰	fɔ̀nɔ̰̀	dɔ̰̌
10. Tudugukakan	sḛ̌	dḛ́	nɛ̰̌	kɛ̰́	myɛ̰̀	bó̰	fɔ̀nɔ̰̀	dɔ̰̌ kɛ̀
11. Vandugukakan	sḛ̀	dḛ́	nɛ̰̀	kɛ̰́	mɛ̰́	bó̰	fɔ̰́lɔ́	dɔ̰̀ kɛ́
12. Nɔwolokakan	sḛ̌	dḛ́ṵ́	nɛ̰̀	kyɛ̰́	myɛ̰̀	bó̰	fɔ̀nɔ̰̀	dɔ̰̌ kɛ̀
13. Sienkokakan	ʃyḛ̌	dḛ́	nɛ̰̌	cɛ̰́	lámyɛ̰̀	bó̰	fɔ̀nɔ̰̀	dɔ̰̌ kɛ̀
14. Worodugukakan	sḛ̀	dḛ́ ~ dé	ɲɛ̰̀.^{n}dḛ̀	kɛ̰́	mɛ̰́	bwó̰	fɔ̀nɔ̰̀	dɔ̰́ kɛ́
15. Kanikakan	sḛ̀	dḛ́	ɲɛ̰̀.^{n}dḛ̀	kɛ́ŋ	mɛ̰́	bwó̰	fɔ́nɔ̰́	dɔ̰̀ kɛ́
16. Karanjankan	sḛ̀	dḛ́ ~ dé	nɛ̰̀	kɛ̰́	mɛ̰́	bó̰músó	fɔ́nɔ̰́	dɔ̰̀ kɛ́
17. Siakakan	sḛ̀ŋ	dḛ́	ɲɛ̀.dḛ̀n	kɛ̰́	mɛ̰́	bó̰ŋ	fɔ́nɔ̰́	dɔ̰̀kɔ̀ kɛ́
18. Koyagakan	sḛ̀	dḛ́	nɛ̰̀.dḛ̀	kɛ̰́	mɛ̰́	bó̰	fɔ́ɔnɔ̰́	dɔ̰̀ kɛ́
19. Korokan	sḛ̀gàrà	dḛ́	nàn.dḛ̀	cɛ̰́	mɛ̰́	bó̰	tɛ́sɛ́	dɔ̰̀ kɛ́
20. Sagakakan	sḛ̀	dḛ́	ɲɛ̰̀.^{n}dḛ̀	kɛ̰́	mɛ̰́	bó̰	ɸʷɔ́ɔ́nɔ̰́	dɔ̰̀ kɛ́
21. Nigbikan	sḛ̀	dḛ́	ɲɛ̀.dḛ̀	kɛ̰́	mɛ̰́	bó̰	fɔ́nɔ̰́	dɔ̰̀ kɛ́
22. Jula de Kong	sḛ̀	dḛ́	nɛ̰̀.^{n}dḛ̀	cɛ̰́	myɛ̰́	bó̰	fɔ́ɔnɔ́	dɔ̰̀ kɛ́
23. Jula véhiculaire	sḛ̀	dḛ́	nɛ̰̀	túrú	mɛ̰́	bó̰ ~ só	fɔ́ɔ́nɔ̰́	dɔ̰̀ kɛ́

Nasales (suite)	a̰ / a̰	a̰ / ɛ̰	ḭ / i	ḭ / i / ḛ / ɛ̰		ḛ / e	ḛ / e / ḭ / i	ɛ̰ / ɛ
	39 "ciel"	78 "serpent"	121 "huit"	88 "racine"	213 "ceci"	114 "un"	134 "tomber"	151 "chasser"
1. Tenengakan	sá̰.gbőő	sà̰	sɛ́ḭ́	dḭ́	mḭ́ɲɛ̀	kyé	bè	gbɛ́
2. Maukakan	sá̰.gbőő	sà̰	sɛ́yḭ́	dḭ́ŋ	mḭ́ḭ̀	kééŋ	bè	gbɛ́ŋ
3. Finangakan	sá̰.gőró	ʃyɛ̰̀	sɛ́yḭ́	dḭ́níŋ	nḭ̀	kéré	byè	gbɛ̀
4. Korokakan	sá̰.gbőő	sà ~ sà̰	sɛ́yḭ́	dḭ́ḭ́	mḭ́	kyé	bè	gbɛ́
5. Baralakakan	sá̰.gőló	ʃyɛ̰̀	sɛ́yḭ́	lílḭ́	mḭ́	kéé	byè	gbɛ́
6. Wojenekakan	sà̰.gőró	sǎ ~ ʃyɛ̰̌	sɛ̀yḭ́	lìlḛ́	mḭ́	kélḛ́	bḭ́	gbɛ̰̀
7. Bodugukakan	alá.kóló	sìɲɛ̀	sɛ́gḭ́	lílí	nḭ́	kélḛ́	bì	gbɛ̰́
8. Folokakan	sà̰.góló	sàá	sèyí	lìlḭ́	nḭ́	kélḛ́	bḭ̀	gbɛ̰̀
9. Gbelebankakan	sà̰.góló	sàá	sèyí	lìlḭ́	mɛ́nɛ́	kélḛ́	bḭ́	gbɛ̰̀
10. Tudugukakan	sà̰.góló	ʃyǎ̰	ʃyḛ̀gí	lìlḛ́	ɲɛ̰̀	kélḛ́	byé	gbɛ̰̀
11. Vandugukakan	sá̰.góló	sà	sɛ́yḭ́	gbílí	nḭ̀	kélḛ́	bì	gbɛ́
12. Nɔwolokakan	sà̰.gbóló	ʃyǎ̰	sɛ̀yḭ́	lìlḭ́	mḭ́nḭ̀	kélḛ́	byé	gbɛ̀
13. Sienkokakan	sá̰	ʃyɛ̰̌	sɛ̀yḭ́	lìlḛ́	mḭ́	kélḛ́	byé	gbɛ̀
14. Worodugukakan	sá̰gbʷö	sà̰	sɛ́yḭ́	lílɛ̰́ ~ lílí	myɛ̰̀	kyé	bè	gbɛ́
15. Kanikakan	sá̰.góró	sà̰	sɛ́yí	lílɛ̰́	nḭ̀	kré	bè	gbɛ́
16. Karanjankan	sá̰.gbóró	ʃyà̰	sɛ́yḭ́	lílɛ̰́	mḭ́	kéré	bè	gbɛ́
17. Siakakan	sá̰.góró	sà̰	sɛ́yḭ́	lílí	mɛ́	kḛ́gyé	bè	ɲínḭ́
18. Koyagakan	sá̰.gbóló	sà̰	sɛ́yḭ́	lílí	mɛ́	kyé	bè	gbɛ́
19. Korokan	sá̰	sà	sɛ́yḭ́	lílḭ́	mḭ́	kélḛ́	bḛ̀	gbɛ́
20. Sagakakan	sá̰.gbóló	sà̰	seéɲí	lílɛ́	mḭ́	kérḛ́	bḛ̀	gbɛ̰́
21. Nigbikan	sá̰.gbóló	sà̰	sɛɛ́gḭ́	lílḭ́	nḭ̀	kérḛ́	bḛ̀	gbɛ̰́
22. Jula de Kong	sá̰	sǎ	ʃyégí	lílḭ́	nḭ̀	kélḛ́	bḛ̀	gbɛ̰́
23. Jula véhiculaire	sá̰	sà	séégí	lílḭ́	nḭ̀	kélḛ́	bḛ̀	gbɛ̰́

Nasales (suite)

	a̰ / a					ɔ̰ / ɔ				
	99 "long"	123 "dix"	171 "tirer"	178 "avoir peur"	200 "ici"	15 "ventre"	76 "oiseau"	110 "faim"	137 "verser"	184 "savoir"
1. Tenengakan	jà	tá	sàmà	ʃyá	yà	kɔ̰́ɔ̰́	kɔ̰̀ɔ̰̀	kɔ̰́ɔ̰́	bwɔ̀	lɔ̰́
2. Maukakan	jáŋ	táŋ	sàmà	syáŋ	yàŋ	kɔ̰́ɔ̰́	kɔ̰̀ɔ̰̀	kɔ̰́ɔ̰́	bwɔ̀ŋ	lɔ̰́
3. Finangakan	jà	tá	sàmà	ʃyá	yà	kʷœ̰́	kwœ̰̀	kɔ̰́ɔ̰́	bwɔ̀	dʷɔ̰́
4. Korokakan	jà̰	tá	sàmà̰	ʃyá	yà	kʷœ̰́	kwœ̰̀	kɔ̰́ɔ̰́	bwɔ̀	lɔ̰́
5. Baralakakan	jà̰	tá	sàmà	ʃyá	yà	kʷœ̰́.báá	kwœ̰̀œ̰̀	kɔ̰́ɔ̰́	bwò̰	lɔ̰́
6. Wojenekakan	já̰	tá̰	sámá	sìrà̰	yǎ	kɔ́nɔ̰́	kɔ́nɔ̌	kɔ̰́gɔ̰́	bɔ̰́	lɔ̰̀
7. Bodugukakan	já̰	tá̰	sàmà̰	sílá̰	yà	kɔ́nɔ́	kɔ̀nɔ̌	kɔ̰́gɔ̰́	bɔ̰̀	lɔ̰́
8. Folokakan	já̰	tá̰	sámá	syà̰	yǎ̰	kɔ́nɔ́	kɔ́nɔ̌	kɔ̰́ɔ̰́	bɔ̰́	lò̰
9. Gbelebankakan	já̰	tá̰	sámá	syà̰	yǎ̰nɛ̰̀	kɔ́nɔ́	kɔ́nɔ̌	kɔ̰́ɔ̰́	bɔ̰́	lò̰
10. Tudugukakan	já̰	tá̰	sámá	sìràɲà	yǎ	kɔ́nɔ́	kɔ́nɔ̌	kɔ̰́gɔ̰́	bɔ́	lɔ̀
11. Vandugukakan	jà̰	tá̰	sàmà	sírá̰	yà	kɔ́nɔ́	kɔ̀nɔ̌	kɔ̰́ɔ̰́	bɔ̰̀	dɔ̰́
12. Nɔwolokakan	já̰	tá	sámá	sìnà̰	yǎ	kɔ́nɔ́	kɔ́nɔ̌	kɔ̰́gɔ́	bɔ̰́	lɔ́
13. Sienkokakan	já̰	tá	sámá	ʃyɛ̰̀	yǎ	kɔ́nɔ̰́	kɔ́nɔ̰̌	kɔ̰́gɔ́	bɔ̀	lɔ́
14. Worodugukakan	jà	tá	sàmà̰	ʃyà	yà	kʷœ̰́ ~ kó̰ó̰	kwœ̰̀ ~ kwò̰ò̰	kɔ̰́gɔ́	bwɔ̀	lɔ́
15. Kanikakan	jà	tá	sàmà	ʃyá	yà	kɔ̰́nɔ̰́	kɔ̀rɔ̰̀	kɔ̰́gɔ̰́	bwò	lɔ́
16. Karanjankan	jàà	tá	sà̰mà	ʃyá̰	yà	kɔ́rɔ̰́	kɔ̀rɔ̰̀	kɔ̰́gɔ̰́	bwɔ̀	lɔ́
17. Siakakan	jà	tá	sàmà	ʃyá	yà	kɔ́nɔ̰́	kɔ̀nɔ̰̀	kó̰gó	bwɔ̀	lɔ́
18. Koyagakan	jà	tá	sàmà	ʃyá	yà	kɔ́rɔ̰́	kɔ̀rɔ̰̀ ~ krɔ̰̀	kɔ̰́gɔ́	bwò̰	lɔ́
19. Korokan	jà̰	tá̰	sàmà	ʃyá̰	yà	kɔ́nɔ̰́	kɔ̀nɔ̰̀	kɔ̰́gɔ́	bwɔ̀	lɔ́
20. Sagakakan	jà̰	tá	sàmà	ʃyá	yà	kɔ́rɔ̰́	kɔ̀rɔ̰̀	kɔ̰́gɔ́	bwɔ̀	lɔ́
21. Nigbikan	jà̰	tá	sàmà̰	ʃyá	yà	kɔ́rɔ̰́	kɔ̀nɔ̰̀	kɔ̰́gɔ́	bwɔ̀	lɔ́
22. Jula de Kong	jà̰	tá̰	sàmà	sírá̰	yà̰	kɔ́nɔ́	kɔ̀nɔ̀	kɔ̰́^{n}gɔ́	bwò̰	lɔ̰́
23. Jula véhiculaire	jà̰	tá̰	sàmà	sírá̰	yà̰	kɔ́nɔ́	kɔ̀nɔ̀	kɔ̰́gɔ́	bɔ̰̀	lɔ̰́

Nasales (suite)

	o̰/o		ṵ/u
	97 "large"	152c "enterrer"	161 "enfler"
1. Tenengakan	bwṍ	dõ̀	fṹnṹ
2. Maukakan	ɓṍ	(sũ̀)lõ̀ŋ	fṵ̃́ṵ̃́ŋ
3. Finangakan	bṍ	(sũ̀ũ̀)dõ̀	fṹnṹ
4. Korokakan	bṍ	(sũ̀)lõ̀	fṹnṹ
5. Baralakakan	bõ̰̀	(ʃyũ̀)dõ̀	fṹnṹ
6. Wojenekakan	bṍ	(sŭ)là kàbṹrṹ rɔ̃́	fũ̀nũ̀
7. Bodugukakan	bõ̰̀	(sũ̀)dõ̰̀	fṹnṹ
8. Folokakan	bõ̰̀	(sũ̀)dṍ̰	fũ̀nũ̀
9. Gbelebankakan	bṍ̰	(sũ̀)dṍ̰	fũ̀nũ̀
10. Tudugukakan	bṍ	(ʃṵ̃̀)dõ̰̀	fũ̀nũ̀
11. Vandugukakan	bṍ	(sũ̀)dõ̰̀	fṹnṹ
12. Nɔwolokakan	bõ̰̀	(ʃũ̀)dṍ	lã́fà̃
13. Sienkokakan	bõ̰̀	(ʃũ̀)dṍ	lã́fũ̀nũ̀
14. Worodugukakan	bwõ̀	(sũ̀)dõ̀	fũ̀nṵ̃̀
15. Kanikakan	bwõ̀	(sũ̀)dõ̀	fṹnṵ̃́
16. Karanjankan	bwõ̀	(ʃũ̀)dõ̀	fṹnṹ
17. Siakakan	bõ̀	dõ̀	fṹnṹ
18. Koyagakan	bõ̀	(sũ̀)dõ̰̀	fṹnṹ
19. Korokan	bõ̀	(sũ̀)dõ̀	fṹnṹ
20. Sagakakan	bõ̀	(sũ̀)dõ̀	fṹnṹ
21. Nigbikan	bõ̀	(sũ̀)dõ̀	fṹnṹ
22. Jula de Kong	bõ̰̀	–	fṹnṵ̃́
23. Jula véhiculaire	bõ̰̀	–	fṹnṹ

Antérieures arrondies	u/ü							
	40 "nuit"	54 "montagne"	66 "couteau"	67 "corde"	72 "chien"	87 "feuille"	91b "huile"	105 "pourri"
1. Tenengakan	sú	tì	mùù	jǜ	wùù	flábúú	tǘǘ	tǜè
2. Maukakan	sú	kùù	mùùŋ	yùù	wùù ~ ŋùnì	fyábúú	túú	tẅ̀ènḭ̀
3. Finangakan	sǘ	kùrù	mùrù	yǜǜ	wùnù	flabǘrǘ	trú	tǜè
4. Korokakan	sú	kǜǜ	mǜǜ	yǜǜ	wùù	féábǘǘ	tǘǘ	tǜò ~ tṵ̈̀ònḭ̀
5. Baralakakan	ʃyǘ	kǜǜ	mö̀ö̀	yö̀ö̀	wùnù	flábúrú	túrú	tǜèmà̰
6. Wojenekakan	sú	kùrú	mùrú	jùrú	wùrú ~wùlú	flàbúrú	túrú	tólínḭ́
7. Bodugukakan	sú	kùrú	mùrù	jùrú	wùlù	fílábúlú	túlú	tòlìnḭ̀
8. Folokakan	sú	kùrú	mùrú	jùrú ~ jùlú	wùlú	flàbrú	túlú	tólínḭ́
9. Gbelebankakan	sú	kùrú	mùrù	jùlú	wùlú	flàbrú	túlú	tólínḭ́
10. Tudugukakan	ʃú	kùrú	mùrú	jùrú	wùlú	flàbúrú	túlú	tólíɲɛ́
11. Vandugukakan	ʃú	kùrù	mùrù	jùrùdḛ̀	wùlù	flábúrú	túlú	tòlìlà
12. Nɔwolokakan	ʃú	kùrú	mùrù	jùrú	wùlú	flàbúrú	túrú	tólínḭ́
13. Sienkokakan	ʃú	kùrú	mùrú	jùrú	wùrú	flàbúrú	túrú	tólínḭ́
14. Worodugukakan	sú	kǜ	mǜ	jǜ	wǜ	féábǘ	tǘ	tyɛ̰̀ ~ tǜœ
15. Kanikakan	sú	kùrù	mùrù	jùrù	wótó	flábrú	trú	cǜè
16. Karanjankan	sú	kùrù	mùrù	jùrù	wóró	flábúrú	túrú	tyùwè
17. Siakakan	ʃú	kùrù	mùrù	jùrùdḛ̀	wótó	flábúlú	túrú	tǜɛ̰̀
18. Koyagakan	sú	kùrù	mùrù	jùrù	wótó	frábúrú	túrú	cɛ̰̀
19. Korokan	sú	kùrù	mùrù	jùrù	wótó	flábúrú	túrú	tẅ̀ènḭ̀
20. Sagakakan	sú	kùrù	mùrù	jùrù	wótó	fárábúlú	túrú	tyɛ̰̀ànḭ̀
21. Nigbikan	sú ~ sǘ	kùrù	mùrù	jùrù	wótó	flábúrú	túrú	twɛ̀nḭ̀
22. Jula de Kong	sú	kùrù	mùrù	jùrù	wótó	fílábúrú	túrú	tòrìnḭ̀
23. Jula véhiculaire	sú	kùrù	mùrù	jùrù	wóró	flábúrú	túrú	tòlìlḛ̀

Antérieures arrondies (suite)	o/ö							
	8 "oreille"	10 "bras, main"	12b "cuisse"	20 "os"	21 "peau"	24 "plume"	42 "étoile"	59 "village"
1. Tenengakan	tő	bő	wóó	kɔ́ɔ́gṵ́	gbɔ̀ɔ̀	yő	lɔ̀lɔ̀dḛ́	só
2. Maukakan	tóó	ɓóó	wóó ~ wóló	kóó	gbɔ̀ɔ̀	yó	lɔ̀ɗyè	só
3. Finangakan	tőő.féá	bőő	wóró	kórókṵ́	gbɔ̀rɔ̀	ʃyé	lȍlȍ	ʃwő
4. Korokakan	tűɔ̀ ~ tőő	bőő	wóró	kwőő	gbőő	yű	lɔ̀rɔ̀	só
5. Baralakakan	tóró ~ tró	bőőká	wóróbá	kóró ~ kró	gbɔ̀rɔ̀	yóró ~ ʃyé	lœ̀lœ̀	ʃwő
6. Wojenekakan	tóró	bóró	wóró	kóró	gbɔ̀ló	jóló	lólɔ̌	só ~ dùgú
7. Bodugukakan	tóló	bóló	wóró	kóló	gbɔ̀lɔ̀	jóló	lɔ̀lɔ̀	dùgǔ
8. Folokakan	tóló	bóló	wóró	kóló	gbɔ̀ló	jóló	lólɔ̌	dùú
9. Gbelebankakan	tóló	bóló	wóró	kóló	gbɔ̀ló	jóló	lólɔ̌	só
10. Tudugukakan	tóló	bóló	wóró	kólókṵ́	gbɔ̀ló	jóló	lólɔ̌	dùgǔ
11. Vandugukakan	tóló	bóló	wóró	kóló	gbɔ̀lɔ̀	kɔ̀nɔ̀.jóló	jɔ̀lɔ̀	dùgù
12. Nɔwolokakan	tóló	bóló	wóró	kólókṵ́	gbɔ̀ló	jóló	lólɔ̌	ʃó
13. Sienkokakan	tóró	bóró	wóró	kólókṵ́	gbɔ̀ló	jóló	lólɔ̌	ʃó
14. Worodugukakan	tűɔ̀ ~ twő	bwő	wő	kwő	gbʷɔ̏	jő ~ ʃyé	lɔ̀lɔ̀	só
15. Kanikakan	tró	bró	wótó	kóró	gbɔ̀lɔ̀	kɔ̀rɔ̰̀.ʃyé	lɔ̀lɔ̀	só
16. Karanjankan	tóró	bóró	wóró	kórókṵ́	gbɔ̀rɔ̀	jóró ~ kɔ̀rɔ̰̀.ʃyé	lɔ̀lɔ̀	só
17. Siakakan	tóró	bóró	wótó	kóró	gbɔ̀lɔ̀	kɔ̀nɔ̰̀.ʃyé	lɔ̀lɔ̀	só
18. Koyagakan	tóró	bró ~ bóó	wótó	kóró	gbɔ̀lɔ̀	ʃyé	lɔ̀lɔ̀	só
19. Korokan	tóró	bóró	wótó	kóró	gbɔ̀rɔ̀	ʃyé	lɔ̀lɔ̀	só
20. Sagakakan	tóró	bóró ~ bró	wótó	kóró	gbɔ̀lɔ̀	ʃyé	lɔ̀lɔ̀	só
21. Nigbikan	tóró	bró	wótó	kóró	gbɔ̀lɔ̀	ʃyé	lɔ̀lɔ̀	só
22. Jula de Kong	tóró	bóró	wótó	kóró	gbɔ̀lɔ̀	ʃyé	lɔ̀lɔ̀	dùgù
23. Jula véhiculaire	tló	bóló	wóró	kóló	gbɔ̀lɔ̀	ʃyé	lɔ̀lɔ̀	dùgù

Antérieures arrondies (suite)	o / ö (suite)						ɔ / œ
	80 "cheval"	118 "cinq"	120 "sept"	162 "accoucher"	174 jouer"	220 "cauris"	92 "vieux"
1. Tenengakan	sò	lőő	wɔ̮vlá	wóó	tőő kɛ́	kò^{n}dè	kwœ̀œ̀
2. Maukakan	sǒ	lóó	wɔ̮vyà	wóó	to̮o̮ kɛ́	kòònyèŋ	kɔ̀ɔ́
3. Finangakan	ʃwò	lőőrú	wɔ̮wlá	wóó	tóro̮ kɛ́	kòròjɛ̮̀	kɔ̀rɔ̀
4. Korokakan	sò	lűó	wo̮vlá	wóó	tűo̮ kɛ́	kòro̮jɛ̮̀	kwœ̀
5. Baralakakan	ʃwö̌	lőőrú	wɔ̮wlá	wóó	tőo̮ kɛ́	kȍòɲɛ̀	kœ̀œ̀
6. Wojenekakan	sǒ	lòòrú	wóro̮fìlá	wòrò	tóro̮ kɛ̀	kóro̮(kìsɛ̀)	kɔ́rɔ́
7. Bodugukakan	sǒ	lóórú	wóro̮fìlá	jìgì	tóro̮ kɛ́	kòro̮kísɛ́	kɔ̀rɔ̀
8. Folokakan	sǒ	lòòrú	wɔ́rɔ̮vìlá	jíí	tólo̮ gɛ̀	kóro̮(kìsɛ̀)	kɔ́rɔ́
9. Gbelebankakan	sǒ	lòòrú	wɔ́rɔ̮vìlá	jíí	tólo̮ gɛ̀	kóro̮(kìsɛ̀)	kɔ́rɔ́
10. Tudugukakan	ʃǒ	lòòrú	wóro̮vìlá	jígí	tólo̮ kɛ̀	kóro̮(kìsɛ̀)	kɔ́rɔ́
11. Vandugukakan	sò	lóórú	wóro̮vìlá	jìʔì	tólo̮ kɛ́	kòro̮	kɔ̀rɔ̀
12. Nɔwolokakan	ʃǒ	lòòrú	wɔ́rɔ̮vìlá	wòlò	tólo̮ kɛ̀	kòro̮dɛ̮́	kɔ̀rɔ̀
13. Sienkokakan	ʃʷǒ	lòòrú	wɔ́rɔ̮ŋùlá	jígí	tólo̮ kɛ̀	kòro̮dɛ́	kɔ́rɔ́
14. Worodugukakan	ʃò	lóólú	wȍo̮gùlà	wő	tűo̮ kɛ̀	kwȍndɛ̮̀	kwȍ
15. Kanikakan	sò	lóólú	vrɔ̮vlà	wró	tóro̮ kɛ́	kòrònɛ̀	kɔ̀rɔ̀
16. Karanjankan	sò	lóólú	wóro̮gúlá	wóró	tóro̮ kɛ́	kòro̮dɛ̮̀	kɔ̀rɔ̀
17. Siakakan	ʃyò	lóólú	wɔ́ɔlɔ̮wúlá	wóró	tóro̮ kɛ́	kòro̮	kɔ̀rɔ̀
18. Koyagakan	sò	lóólú	wɔ́rɔ̮wlá	wóó	tóro̮ kɛ́	kɔ̀rɔ̮ndɛ̮̀	kɔ̀rɔ̀
19. Korokan	ʃò	lóórú	wɔ́ro̮vlá	wóró	tóro̮ kɛ́	kɔ̀rɔ̮nɛ̮̀	kɔ̀rɔ̀ ~ kɔ̀ɔ̀
20. Sagakakan	sò	lóórú	wɔ́rɔ̮vlá	wóró	tóro̮ kɛ́	kɔ̀rɔ̮dɛ̮̀	kɔ̀rɔ̀
21. Nigbikan	sò	lóórú	wɔ́ro̮vlá	wóró	tóro̮ kɛ́	kɔ́rɔ̮	kɔ̀rɔ̀kɔ̀rɔ̀
22. Jula de Kong	sǒ	lóórí	wɔ́ro̮vilá	wóró	tóro̮ kɛ́	kòro̮kísɛ́	kɔ̀rɔ̀
23. Jula véhiculaire	sò	lóórú	wɔ́lo̮flá	wóló	tīo̮ kɛ́	kòlo̮	kɔ̀rɔ̀

suites CVCV/CVV

V_1 = voy. ant.

	$CV_1 \{\frac{l}{r}\} V_1$ / C**y**V / CVV					$CV_1 \{\frac{l}{r}\} V_2$ / C**y**V		
	84 "œuf"	102 "lourd"	44 "soleil"	114 "un"	69 "guerre"	55 "chemin"	115 "deux"	178 "avoir peur"
1. Tenengakan	kíí	gbíí	tèè	kyé	kɛ̀ɛ̀	ʃyá ~ syá	flà	ʃyá
2. Maukakan	kíí	gbíí	tèè	kééŋ	kɛ̀ɛ̀	syá	fyà	syáŋ
3. Finangakan	kíí	gbíí	tèè	kéré	krɛ̀	ʃyá	flà	ʃyá
4. Korokakan	kíí	gbíí	tìì ~ tèè	kyé	kyɛ̀	ʃyá	flà	ʃyá
5. Baralakakan	kírí	gbéé	tèrè	kéé	kɛ̀rɛ̀ ~ krɛ̀	ʃyá	flà	ʃyá
6. Wojenekakan	sìsɛ̀.kírí	gbìlì	tèré	kélḛ́	kɛ́lɛ́	sírá	flǎ	sìrà̰
7. Bodugukakan	sìsɛ̀.fà̰	gbílímá̰	tèlè	kélḛ́	kɛ̀lɛ̀	sírá	fìlà	sílá̰
8. Folokakan	sìsɛ̀.kílí	gbílḭ́	tèlé	kélḛ́	kɛ́lɛ́	sílá	fìlà	syà̰
9. Gbelebankakan	sìsɛ̀.kílí	gbìlḭ̀	tèlé	kélḛ́	kɛ́lɛ́	síyá	fìlà	syà̰
10. Tudugukakan	ʃyɛ̀.kílí	gbílí	tèlé	kélḛ́	kɛ́lɛ́	sírá	fìlà	sìràɲà
11. Vandugukakan	ʃyɛ̀.kílí	gbílí	tèlè	kélḛ́	kɛ̀lɛ̀	sírá	fìlà	sírá̰
12. Nɔwolokakan	fá̰	gbílí	tèlé	kélḛ́	kɛ́lɛ́	sírá	fìlà	sìnà̰
13. Sienkokakan	fá̰	gbílí	tèré	kélḛ́	kɛ́rɛ́	ʃyá	fìlà	ʃyɛ̰́
14. Worodugukakan	kyí	gbyì	tyè ~ tùè	kyé	kyɛ̀	ʃéákṹ ~ ʃyá	flà	ʃyà
15. Kanikakan	sìsɛ̀.krí	gbírí	trè	kré	krɛ̀	ʃyá	flà	ʃyá
16. Karanjankan	sìsɛ̀krí	gbírí	tèrè	kéré	kɛ̀rɛ̀	ʃyá	flà	ʃyá̰
17. Siakakan	sìsɛ̀.kírí	gbílí	tèrè	kḛ́gyé	kɛ̀rɛ̀	ʃyákɔ̃rɔ̃dé	flà	ʃyá
18. Koyagakan	krí	gbrí	tèrè	kyé	krɛ̀	ʃyá	flà	ʃyá
19. Korokan	sìsɛ̀.kírí	gbírí	tèrè	kélḛ́	kɛ̀rɛ̀	ʃyá	flà	ʃyá̰
20. Sagakakan	sìsɛ̀.kírí	gbírí	tèrè	kérḛ́	kɛ̀rɛ̀	ʃyá	flà	ʃyá
21. Nigbikan	kírí	gbírímá̰	tèrè	kérḛ́	krɛ̀	ʃyá	flà	ʃyá
22. Jula de Kong	sìsɛ̀.kírí	gbílí	tèrè	kélḛ́	kɛ̀rɛ̀	sírá	fìlà ~ flà	sírá̰
23. Jula véhiculaire	kílí ~ fá̰	gbílí	tlè	kélḛ́	kɛ̀lɛ̀	sírá	flà	sírá̰

V_1 = voy. post.

	CV1 {l / r}V1 / CʷV / CV1V1		CV1CV2 / CʷV / CV1V2			
	15 "ventre"	92 "vieux"	93 "nouveau"	108 "froid"	126 "vingt"	133 "courir"
1. Tenengakan	kɔ̰́ɔ̰́	kwœ̀œ̀	kwá	sṵ́a	mùà	bwè
2. Maukakan	kɔ̰́ɔ̰́	kɔ̀ɔ́	kwá	sɔ́á̰	mùá	bwè
3. Finangakan	kʷœ̰́	kɔ̀rɔ̀	kᵘlá	súmá	mùà	bɔ̀è
4. Korokakan	kʷœ̰́	kwœ̀	kwákwá	ʃṵ́ṵ́	mùà	bwè
5. Baralakakan	kʷœ̰́.báá	kœ̀œ̀	kᵘlákᵘlá	súmánḭ́	mùà	bwè
6. Wojenekakan	kɔ́nɔ̰́	kɔ́rɔ́	kùlà	sùmànḭ́	múgà̰	bɔ́rí
7. Bodugukakan	kɔ́nɔ́	kɔ̀rɔ̀	kúrákúrá	súmálḛ́	mùgǎ̰	bɔ̀rì
8. Folokakan	kɔ́nɔ́	kɔ́rɔ́	kùrà	súmánḭ́	múǎ̰	bɔ́rí
9. Gbelebankakan	kɔ́nɔ́	kɔ́rɔ́	kùrà	súmánḭ́	mùà̰	bɔ́rí
10. Tudugukakan	kɔ́nɔ́	kɔ́rɔ́	kùrà	sùmàɲɛ́	mùgǎ̰	bɔ́rí
11. Vandugukakan	kɔ́nɔ́	kɔ̀rɔ̀	kúrá	súmálá	mùgà̰	bɔ̀rì
12. Nɔwolokakan	kɔ́nɔ́	kɔ̀rɔ̀	kùrà	súmánḭ́	mùgǎ̰	bɔ̀rì
13. Sienkokakan	kɔ́nɔ̰́	kɔ́rɔ́	kúrá	súmánḭ́	mùgǎ̰	bwè
14. Worodugukakan	kʷœ̰́ ~ kɔ̰́ɔ̰́	kwɔ̏	klwá	ʃʷœ̰́	mwà	bwì ~ bwè
15. Kanikakan	kɔ̰́nɔ̰́	kɔ̀rɔ̀	ɸwáɸwá	ʃʷœ̰́	mùà	bwè
16. Karanjankan	kɔ́rɔ̰́	kɔ̀rɔ̀	ɸwá	ʃɔ̰́yánḭ́	mùà̰	bwè
17. Siakakan	kɔ́nɔ̰́	kɔ̀rɔ̀	klá	ʃʷœ̰́	mwà̰	bwè kɛ́
18. Koyagakan	kɔ́rɔ̰́	kɔ̀rɔ̀	kláklá	ʃʷɔ̰́	mᵘwà̰	bwì
19. Korokan	kɔ́nɔ̰́	kɔ̀rɔ̀ ~ kɔ̀ɔ̀	kᵘlákᵘlá	súánḭ́	mùɔ̰̀	bùè
20. Sagakakan	kɔ́rɔ̰́	kɔ̀rɔ̀	kᵘlákᵘlá	ʃẅɔ̰́	mùà	bùè
21. Nigbikan	kɔ́rɔ̰́	kɔ̀rɔ̀kɔ̀rɔ̀	kᵘlákᵘlá	swánḭ́	mᵘwà̰	bwḛ̀
22. Jula de Kong	kɔ́nɔ́	kɔ̀rɔ̀	kúrá	súmánḭ́	mùgà̰	bɔ̀rì
23. Jula véhiculaire	kɔ́nɔ́	kɔ̀rɔ̀	kúrá	súmálḛ́ ~ súmánḭ́	mùgà̰	bɔ̀lì

V_1 = voy. post.

	u̠ / ü̠		CVmV / Cwœ̠ / Cwö̠	
	100 "court"	11 "griffe"	108 "froid"	183 "odeur"
1. Tenengakan	s ȕ̠ȕ̠	s w ö̠̏ v a	s ú á̠	s ú ɛ̠́
2. Maukakan	s ú̠ú̠	s ɔ̠̀ é ~ s w ɛ̠̀ ~ s w ɛ̠̀ ɛ̠́	s ɔ́ á̠	s ɔ̠́ á̠
3. Finangakan	s ȕ̠ȕ̠	ʃ ö̠̏ ɲ ɛ̠̀.v à r à	s úmá	ʃʷœ̠́
4. Korokakan	ʃ ȕ̠ȕ̠ ~ s ȕ̠ȕ̠	s ɔ̠̀ ɲ ɔ̠̀ ~ ʃ ɔ̀ ɲ ɔ̠̀	ʃ ú̠ú̠	s ú ö̠́
5. Baralakakan	s ȕ̠ȕ̠ ~ s y ɛ̠̀ ɛ̠́	ʃʸœ̀ ɲ ɔ̠̀	s úmá n í̠	s úmá
6. Wojenekakan	s ú n ú̠	s ò n ǔ̠	s ùmà n í̠	k à s á
7. Bodugukakan	s ù r ù̠	s ò n ù̠	s úmá l ɛ̠́	s úmá
8. Folokakan	s ú r ú̠	s ò r ǐ̠	s úmá n í̠	s úmá
9. Gbelebankakan	s ú r ú̠	s ò r ǐ̠	s úmá n í̠	s úmá
10. Tudugukakan	s ú r ú̠	s ò n ǐ	s ùmà ɲ ɛ́	s úmá
11. Vandugukakan	s ù r ù̠	s ò n ì̠.v r à	s úmá l á	s úmá
12. Nɔwolokakan	s ú n ú̠	ʃ ò n ǔ̠	s úmá n í̠	k à s á
13. Sienkokakan	s ú n ú̠	ʃ ò n ǔ̠	s úmá n í̠	s úmá
14. Worodugukakan	ʃ ü̠̏	ʃ ü̠̏ ~ ʃ w œ̠̀ ~ ʃ ẅ ɔ̠̀	ʃʷœ̠́	ʃʷœ̠́
15. Kanikakan	s ù r ù̠	ʃʷ ò̠.v r à	ʃʷœ̠́	ʃʷ ó̠
16. Karanjankan	s ù r ù̠	s ò̠ ɲ ò̠	ʃ ó̠ y á n í̠	ʃ u̠ á
17. Siakakan	s ù n ù̠	ʃ w œ̠̀.v à à	ʃʷœ̠́	ʃ ű á
18. Koyagakan	s ù n ù̠	ʃ ẅ ò̠	ʃʷ ɔ̠́	ʃ ẅ ó̠
19. Korokan	s ù n ù̠	s ɛ̠̀ z ù ɛ̠̀ ~ s w ɛ̠̀	s ú á n í̠	s ú ɔ̠
20. Sagakakan	s ù r ù̠	ʃ w ɔ̠̀	ʃ ẅ ó̠	ʃ w ɔ̠́
21. Nigbikan	s ù r ù̠	ʃ y ɔ̠̀	s w á n í̠	ʃ y ɔ̠́
22. Jula de Kong	s ù r ù̠	s ɔ̀ n ì	s úmá n í̠	s úmá
23. Jula véhiculaire	s ù r ù̠	s ɔ̀ n ì̠	s úmá l ɛ̠́ ~ s úmá n í̠	s úmá

suites CVnV/CV̰V̰

	Cini/Cḭḭ	Cɛnɛ/Cɛ̰ɛ̰	Cɔnɔ/Cɔ̰ɔ̰	Cunu/Cṵṵ	Cimi/Cḭḭ	Cumu/Cṵṵ
	147a "chercher"	152a "cultiver"	122 "neuf (chiffre)"	161 "enfler"	177 "souffrir"	83 "pou de tête"
1. Tenengakan	ɲíí	sɛ̰̂ɛ̰̂	kwɔ̰̂ndɔ̀	fúnú	díí	ɲúmú
2. Maukakan	ɲḭ́ḭ́	sɛ̰̂ɛ̰̂	kɔ̰̂ɔ̰̂ndɔ́ŋ	fṵ́ṵ́ŋ	dḭ́ḭ́	ɲṵ́ṵ́ ~ nṵ́ṵ́
3. Finangakan	ɲḭ́ḭ́	sɛ̀ɛ̰̂	kɔ̀rɔ̰̂dɔ̰̂	fúnú	núú	ɲṵ́
4. Korokakan	ɲḭ́ḭ́	sɛ̀ɛ̰̂	kwœ̰̂dɔ̀	fúnú	díí	ɲṵ́ ~ ɲúmú
5. Baralakakan	ɲíní	sɛ̰̂ɛ̰̂	kœ̀œ̀nɔ́	fúnú	dímí	ɲṵ́
6. Wojenekakan	ɲìnì	sɛ́nɛ́	kɔ́nɔ̰̂dɔ́	fùnù	dìmì	ɲímí
7. Bodugukakan	ɲíní	sɛ̀nɛ̂	kɔ̀nɔ̰̂dɔ̀	fúnú	dímí	ɲímí
8. Folokakan	ɲìnì	sɛ́nɛ́	kɔ̀nɔ̰̂dɔ̀	fùnù	dìmì	ɲímí
9. Gbelebankakan	ɲìnì	sɛ́nɛ́	kɔ̀nɔ̰̂dɔ̀	fùnù	dìmì	ɲímí
10. Tudugukakan	ɲìnì	sɛ́nɛ́	kɔ̀nɔ̰̂dɔ̀	fùnù	dìmì	ɲímí
11. Vandugukakan	ɲíní	sɛ̀nɛ̂	kɔ̀nɔ̰̂dɔ̀	fúnú	dímí	ɲímí
12. Nɔwolokakan	ɲìnì	sɛ́nɛ́	kɔ̀nɔ̰̂dɔ̀	láfà	dìmì	ɲímí
13. Sienkokakan	ɲìnì	sɛ́nɛ́	kɔ̀nɔ̰̂dɔ̀	láfùnù	dìmì	ɲímí
14. Worodugukakan	ɲì	syɛ̰̂	kwœ̰̂ndɔ̀	fùnṵ̀	dḭ́gḭ́	ɲúmṵ́
15. Kanikakan	ɲíní	sɛ̀nɛ̂	kɔ̀rɔ̰̂dɔ̀	fúnṵ́	dímí	ɲúmú
16. Karanjankan	ɲíní	sɛ̀nɛ̂	kɔ̀nɔ̰̂dɔ̀	fúnú	dḭ́gḭ́	ɲímí
17. Siakakan	táɣá fɛ́ɛ́ lá	sɛ̰̂ɛ̰̂	kɔ̀nɔ̰̂dɔ̀	fúnú	dímí	ɲúmúgú
18. Koyagakan	ɲíí	syɛ̰̂	kɔ̀ɔ̀ⁿdɔ̀	fúnú	dímí	ɲúmúʁú
19. Korokan	ɲírí	sɛ̀nɛ̂	kɔ̀rɔ̰̂dɔ̀	fúnú	dímí	ɲúmúgú
20. Sagakakan	ɲíní	sɛ̀nɛ̂	kɔ̀rɔ̰̂dɔ̀	fúnú	dímí	ɲémú
21. Nigbikan	ɲírí	sɛ̀nɛ̂	kɔ̀rɔ̰̂dɔ̀	fúnú	dímí	ɲémúgú
22. Jula de Kong	ɲíní	sɛ̀nɛ̂	kɔ̀nɔ̰̂dɔ̀	fúnṵ́	dímí	kàra̰gbà
23. Jula véhiculaire	ɲíní	sɛ̀nɛ̂	kɔ̀nɔ̰̂tɔ̀	fúnú	dímí	ɲímí ~ ɲímúgú

suites CV**g**V/CVV

	Cigi/Cii	C{ɛ̣ i}**gɛ**/Cɛɛ	**Caga/Caa**	**Cɔgɔ/Cɔɔ**	**Cogo/Coo**	**Cugu/Cuu**
	163 "s'asseoir"	144a "couper"	167 "tuer"	27 "personne"	71 "animal"	51 "terre"
1. Tenengakan	sìì	tìgɛ̀	fàɣà	mɔ̰̀ɔ̰̀	sòò	dùù
2. Maukakan	sìì	tɛ̀ɛ̀	fàà	mɔ̰̀ɔ̰̀	sòò	lùù
3. Finangakan	sìgì	tɛ̀gɛ̀	fàɣà	mɔ̀ɔ̀	sòò	dùùkrò
4. Korokakan	ʃìì	tìgɛ̀	fàɣà	mɔ̰̀ɔ̰̀	sòò	dùùkwȍ
5. Baralakakan	sɨ̀ɨ̀	tɛ̀gɛ̀	fàɣà	mɔ̰̀ɔ̰̀	sòò	dùù
6. Wojenekakan	sígí	tɛ́gɛ́	fágá	mɔ̀gɔ́	sògó	dùgú
7. Bodugukakan	sìgì	tìgɛ̀	fàgà	mɔ̀ɣɔ̀	sògò	dùgùkòlò
8. Folokakan	sígí	tɛ̀ɛ́	fɔ̀á	mɔ̀ɔ́	sòó ~ sòɣó	dùú
9. Gbelebankakan	síí	tɛ̀ɛ́	fɔ̀á	mɔ̀ɔ̰́	sòó	dùúkòlò
10. Tudugukakan	sígí	tɛ́gɛ́	fáɣá	mɔ̀ɣɔ́	sògó	dùgúkòlò
11. Vandugukakan	sìʔì	tìgɛ̀	fàʔà	mɔ̀ʔɔ̀	sòò	dùʔúkòlò
12. Nɔwolokakan	sìgì	tɛ́gɛ́	fàɣà	mɔ̀ɣɔ̀	sògǒ	dùgúkòrò
13. Sienkokakan	sìgì	tɛ́gɛ́	fàɣà	mɔ̀ɣɔ́	sògǒ	dùgúkòrò
14. Worodugukakan	sìgì	tɛ̀gɛ̀	fàʁà	mɔ̀ʁɔ̀ ~ mɔ̀ɔ̀	sòʁò ~ sòò	dùgù ~ dùù
15. Kanikakan	sìgì	tɛ̀gɛ̀	fàʁà	mɔ̀ɣɔ̀	sòʁò	dùù
16. Karanjankan	sìgì	tɛ̀gɛ̀	fàgà	mɔ̀gɔ̀	sògò	dùgù
17. Siakakan	sìgì	tɛ̀ɣɛ̀	fàɣà	mɔ̀ɣɔ̀	sòɣò	dùgù
18. Koyagakan	sìgì	tɛ̀gɛ̀	fàʁà	mɔ̀ʁɔ̀	sòʁò	dùù
19. Korokan	sìgì	tɛ̀gɛ̀	fàʁà	mɔ̀ʁɔ̀	sògò	dùgù
20. Sagakakan	sìgì	tɛ̀gɛ̀	fàʁà	mɔ̀ʁɔ̀	sòʁò	dùgù
21 Nigbikan	sìgì	tɛ̀gɛ̀	fàʁà	mɔ̀ʁɔ̀	sògò	dùgùkòrò
22. Jula de Kong	sìgì	tìgɛ̀	fàʁà	mɔ̀ʁɔ̀	sògò	dùgùkòrò
23. Jula véhiculaire	sìgì	tìgɛ̀	fàʁà	mɔ̀gɔ̀	sògò	dùgù ~ dùgùkòlò

APPENDICE 2

RECONSTRUCTION DE QUELQUES RADICAUX

A partir des «règles d'évolution» telles que nous avons pu les dégager dans les chapitres 2.1 et 2.2. nous allons proposer la reconstruction de quelques items du corpus.

Sont présentés ici les radicaux dont les séries comparatives autorisent la restitution. Les radicaux ainsi reconstruits sont donnés sous une forme concrète correspondant non pas à celle qui existait dans la langue originelle mais à celle qui rend le mieux compte des différentes formes attestées en Côte-d'Ivoire. De plus, nous avons indiqué, entre parenthèses, les formes utiles à la reconstruction mais non attestées dans les séries comparatives.

En envisageant cette reconstruction à partir de l'ensemble du territoire manding en Afrique de l'Ouest, nous pourrions proposer des radicaux sous un aspect plus abstrait dont le modèle proposé ne se trouverait de toute façon justifié que dans la mesure où il est apte à rendre ultérieurement compte de faits nouveaux. Mais nos prétentions sont ici beaucoup plus modestes dans la mesure où nous nous sommes limitée au cadre strictement ivoirien, plus éloigné – on l'a vu à propos des voyelles – de la proto-langue que le mandinka de Gambie par exemple.

Précisons enfin que notre interprétation phonétique, bien que fondée sur des séries authentiques, reste néanmoins très subjective.

Pour une meilleure compréhension des reconstructions proposées, on se reportera aux séries comparatives constituant les Appendices 1a et 1b.

LISTE DES ITEMS RECONSTRUITS
par ordre alphabétique

23. aile - cf. k / k
68. arc - cf. VlV/VrV
178. avoir peur - cf. VlV/VvV
85. bâton - cf. gb / b
17. boyaux - cf. VgV/VV
154. brûler - cf. VnV/V̰V̰
65. calebasse - cf. f / f
55. chemin - cf. ʃ / s
147a. chercher - cf. ɲ / ɲ
80. cheval - cf. ʃ / s
68. corde - cf. u / ü
25. corne - cf. k / g
144. couper - cf. t / t
133. courir - cf. VrV/VwV
100. court - cf. VnV/V̰V̰
153. cuire - cf. VbV/VwV
12. cuisse - cf. VtV/VrV
152a. cultiver - cf. VnV/V̰V̰
144. enfant - cf. d / j
182 entendre - cf. ɛ̰ / ɛ̰
98. étroit - cf. ɔ / ɔ
110. faim - cf. ɔ̰ / ɔ
218. fer - cf. ɛ / e
87. feuille - cf. f / f
91a. graisse - cf. ɛ̰ / ɛ̰
91. huile - cf. t / t
121. huit - cf. VgV/Vy/wV
12. jambe - cf. ʃ / s
168. jeter - cf. f / f
68. lance - cf. VmV/VmbV
6. langue - cf. n / ɲ
143. laver - cf. k / ɸ
41. lune - cf. VlV/VrV
107. méchant - cf. o / u
181. montrer - cf. y / j
81. mouton - cf. VgV/VV
210. ne ... pas - cf. VnV/V̰V̰
7. nez - cf. n / n
38. nom - cf. t / t
93. nouveau - cf. k / ɸ
40. nuit - cf. ʃ / s
96. petit - cf. VtV/VtV
53. pierre - cf. VbV/VwV
152b. planter - cf. gb / gb
24. plume - cf. o / ö
4. poil - cf. s / ʃ
79. poisson - cf. VgV/VV
83. pou - cf. ɲ / ɲ
170. pousser - cf. VgV/VV
117. quatre - cf. n / n
26. queue - cf. k / ɸ
160. respirer - cf. n / ɲ
175. rire - cf. ɛ / ɛ
47. rosée - cf. k / ng
52. sable - cf. c / k
18. sang - cf. VlV/VrV
9. sein - cf. ḭ / ṵ
120. sept - cf. VfV/VwV
78. serpent - cf. ʃ / s
44. soleil, jour - cf. VlV/VrV
70. tissu, pagne - cf. ɛ / i~ɛ
134. tomber - cf. e / e / ḭ
116. trois - cf. VbV/VwV
64. trou - cf. d / j
114. un - cf. ḛ / ḛ
15. ventre - cf. VnV/V̰V̰
59. village - cf. ʃ / s
126. vingt - cf. VgV/Vy/wV
157. vomir - cf. VnV/V̰V̰

Consonnes initiales
Labiales : f / f – t / t
Alvéolaires : d / j – n / n – n / ɲ – s / ʃ – ʃ / s
Palatales : c / k – y / j – ɲ / ɲ – k / k – k / g – k / ng – k / ɸ
Labiovélaires : gb / b – gb / gb

Consonnes intervocaliques
Labiales : VmV / VmbV – VbV/VwV
Alvéolaires : VfV / VwV – VtV / VrV – VtV / VtV – VlV / VrV – VrV / VwV – VnV/V̰V̰
Vélaires : VgV/VV – VgV/Vy/wV

Voyelles :
Orales antérieures : ɛ / ɛ – ɛ / e – a / i~ɛ
Orales postérieures : ɔ / ɔ – o / u
Nasales : ḭ / ṵ – ɛ̰ / ɛ̰ – ḛ / ḛ / e / e / ḭ – ɔ̰ / ɔ
Antérieures arrondies : u / ü – o / ö

Consonnes initiales (cf. Appendice 1a)

• *Labiales*

f / f **65. "calebasse"**

*filɛ — firɛ
*filɛ — filɛ — fiyɛ — fiyɛ — ʃyɛ — sɛ
filɛ — flɛ — fẅɛ

87. "feuille"

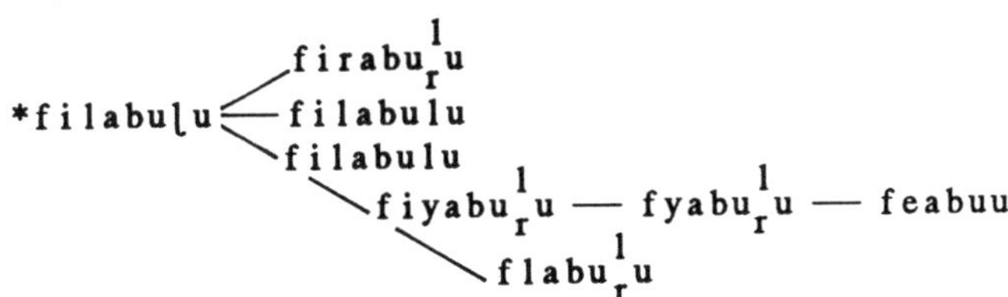

168. "jeter"

t / t **38. "nom"**

*tɔɣɔ — tɔɣɔ — tɔɔ
*tɔɣɔ — tɔʁɔ
*tɔɣɔ — tɔʔɔ

91. "huile"

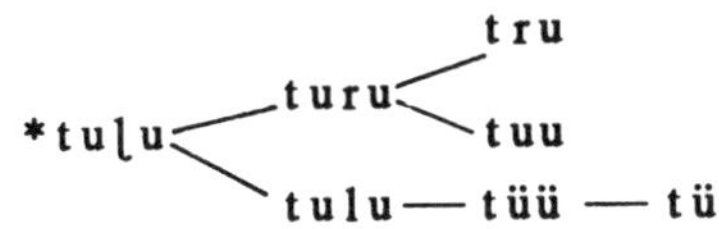

144. "couper"

*tigɛ — tɛgɛ
*tigɛ — tɛɣɛ — tɛɛ

• *Alvéolaires*

d / j **34. "enfant"**

*dieŋ — jɛ̃ — dɛ̃
*dieŋ — dye — de

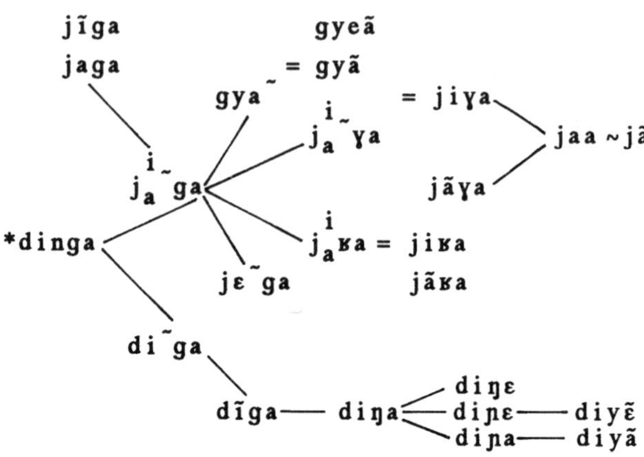

n/n 7. "nez"

*nungbaḷa < nũgala / nu˜gba — nũbra — nũ / nüŋmɛa

117. "quatre"

*nagani — (naɣani) — naani — nɛĩ

n/ɲ 6. "langue"

*ninande < ɲɛ̃ndɛ̃ < ɲɛ̃ / ɲɛ̃dɛ̃ — ɲɛ
nandɛ̃ — nɛ̃ⁿdɛ̃ — nɛ̃ndɛ̃ — nɛ̃

160. "respirer"

*ninakiḷi < ninakili / ninakiri — ninakii < nunakili / nɛnɛkili
ɲ(a)(n)aki( )

s/ʃ 4. "poil"

*sile < sye — ʃye — ʃe / sii — si

ʃ/s 12. "jambe, pied"

*keŋ[1] — (kyeŋ) — ʃyẽ < sɛ̃ / seŋ

---

[1] Cette forme existe en vaï, langue mandé-nord, comme nous l'avons signalé à propos des correspondances consonantiques.

40. "nuit"

*silu < ʃyü — (ʃü) — sü
ʃu — su

55. "chemin"

*sila < sira
siya — sya
ʃya

59. "village"

*silo < ʃwö
so

80. "cheval"

*silo < ʃwö
ʃyo — ʃo — so

78. "serpent"

*sina[2] ? — siɲɛ — ʃyɛ̃
sani ? — ʃyã — sã — sa

• *Palatales*

c / k **52. "sable"**

Les formes relevées en Côte-d'Ivoire semblent venir de deux radicaux : l'un attesté en vaï (Sierra-Leone), l'autre qui est reconstruit.

kɛnyɛ (vaï) < kyɛ̃
ciɲɛ — cɛ̃yɛ̃ — cɛ̃ɛ̃ — cɛ̃

*kyɛnkyɛn < cɛ̃gɛ̃
kɛ̃gɛ̃
cɛ̃cɛ̃

y / j **181. "montrer"**

*diyira < (jira) — jea
yira < yea
yara — yaa — ya

[2] Rappelons la forme **kaa** rencontrée en vaï qui peut expliquer la forme **sa** mais en aucun cas les formes avec voyelle nasale.

ɲ/ɲ 83. "pou"

*nyimungu — ɲimugu < ɲimi
ɲimugu < ɲemugu — ɲumuʁu < ɲumũ
ɲumuʁu < ɲumu — ɲũũ — ɲũ
ɲumu

147a. "chercher"

*niɭini < (nilini)
*niɭini < (nirini) — (ɲirini) < ɲiri(ni)
(ɲirini) < ɲ(i)(r)ini — ɲi˜i < ɲii — ɲi
ɲi˜i < ɲĩĩ

k/k 23. "aile"

*kambaŋ < kamã — kɛmɛ
*kambaŋ < kaba < kawa / kava

k/g 25. "corne"

*kpeɭeŋ < kere — kre — kee
*kpeɭeŋ < gerẽ — gʁe — gee

k/ng 47. "rosée"

*kɔmbi < ngɔmi
*kɔmbi < kɔmi — kimi
*kɔmbi < kɔmbi
*kɔmbi < kɔ˜bi

k/ɸ 26. "queue"

*kpo < kwo — ko
*kpo < ɸwo

93. "nouveau"

*kpaɭa < kula < kwa / kla
*kpaɭa < ɸula — ɸwa

143. "laver"

*kpo < kuo — kwo — ko
*kpo < ɸuo — ɸwo

• *Labiovélaires*

gb/b **85. "bâton"**

*gbeɭe — gbere — gbee — gbye
*gbeɭe — gbre
*gbeɭe — bere

gb/gb **152b. "planter"**

*gbangana — gbãga — gbãŋa
*gbangana — gbãŋã — gbãgã — gbãhã — gbãã — gbã
gbãã — gbõ

Consonnes intervocaliques

• *Labiales*

VmV/VmbV **68. "lance"**

*tamba — tãma
*tamba — tamba
*tamba — tãba

VbV/VwV **53. "pierre"**

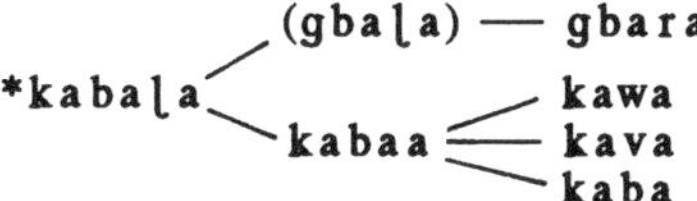

116. "trois"

*sagaba — saaba — saba — sava
saba — sawa

153. "cuire"

*tebi — tibi — tiwi ~ tivi
*tebi — tebi — tewi ~ tɛwi
*tebi — o — tobi — towi ~ töwi

• *Alvéolaires*

VfV/VwV **120. "sept"**

*woɭongbila — worõgula — wɔrɔ̃ŋula
worõgula — wöõgula
*woɭongbila — worõvila ~ wolõfila — wõvla
worõvila ~ wolõfila — wɔ̃vya
worõvila — wolɔ̃wula — wɔ̃wla

VtV/VrV **12. "cuisse"**

*woto — woro — woo — wö

VtV/VtV **96. "petit"**

*fitigini — (fitiɣini) — fitiini — ficini / fitini

VlV/VrV **44. "soleil, jour"**

*tiɭe — (tili) — tii
*tiɭe — tere — tre
*tiɭe — tele — tle — tee
tye

68. "arc"

*nkaɭane — (ngalale)
*nkaɭane — kala˜ — kalã — kaã — kaa
kara˜ — karã / kra

178. "avoir peur"

*siɭania — (silana) — silã
*siɭania — siraɲa — sirã
siraɲa — siana — syã ~ ʃyã

41. "lune"

*kaɭo — kalo — ka(o) — kaa
*kaɭo — karo — (kare) — kari

18. "sang"

*dioɭi — joli — jeli — jei — jee ~ yee
joli — jue
*dioɭi — jori — jeri

VrV/VwV **133. "courir"**

*boɭi — bori
*boɭi — boli — bwi
(bole) — bwe

VnV/ṼṼ **157. "vomir"**

*fɔɭɔnɔ — fɔɔnɔ̃ ~ fɔɔnɔ — fɔnɔ̃
*fɔɭɔnɔ — fwɔnɔ̃ ~ ɸwɔɔnɔ̃
*fɔɭɔnɔ — fɔ̃lɔ

152a. "cultiver"

*sɛnɛ — sɛ˜ɛ — sɛ̃ɛ̃
*sɛnɛ — se˜ɛ — syɛ̃

154. "brûler"

*diɛni — diɛ˜ — jɛ̃ (... jĩ)
*diɛni — diɛ˜ — ɲɛ̃ɛ̃ ~ ɲɛ̃
*diɛni — jɛni ... jeni — jẽ

15. "ventre"

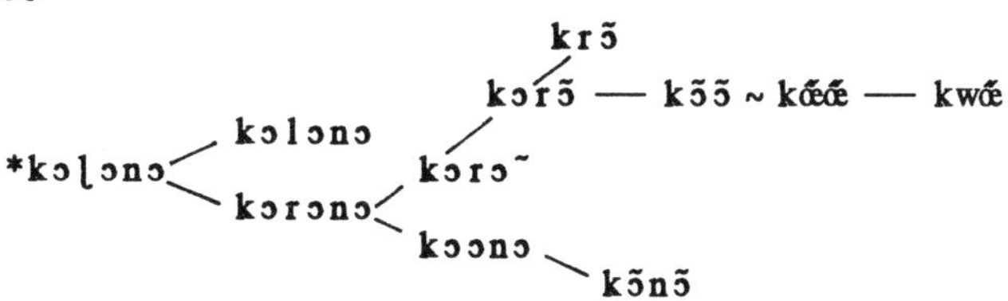

100. "court"

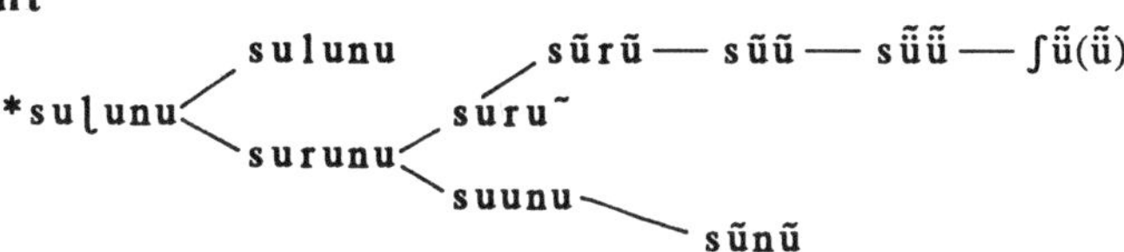

210. "ne ... pas *(impératif)*"

*kaḻana — kalana
*kaḻana — karana — kara˜ — kaa — ka ~ kɛ
karana — kaana — kana

• *Vélaires*

VgV/VV **81. "mouton"**

*saga — saga — saɣa — saa
saga — saʁa
saga — saʔa

79. "poisson"

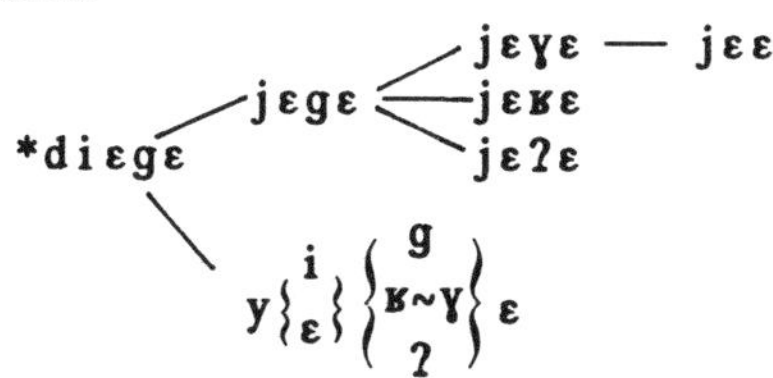

170. "pousser"

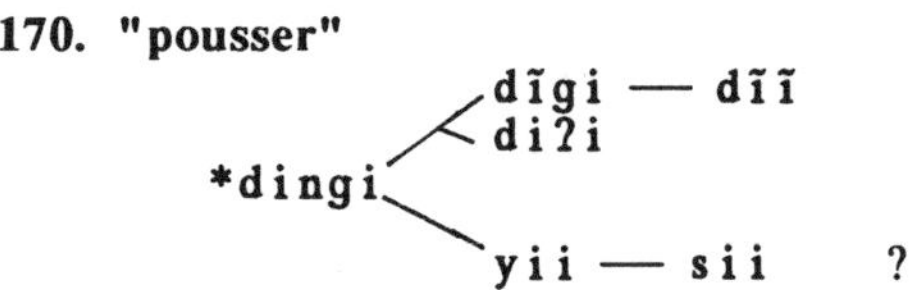

17. "boyaux"

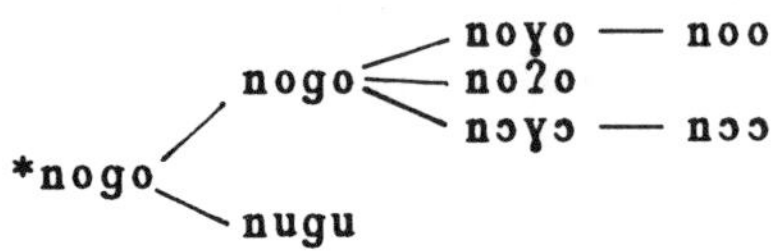

Vgv/v{y w}v 126. "vingt"

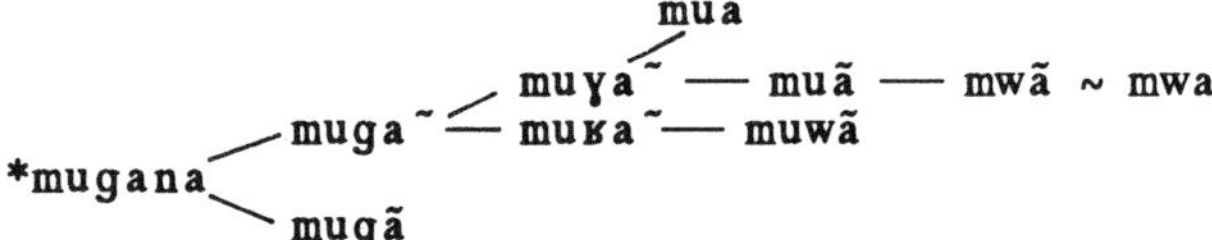

121. "huit"

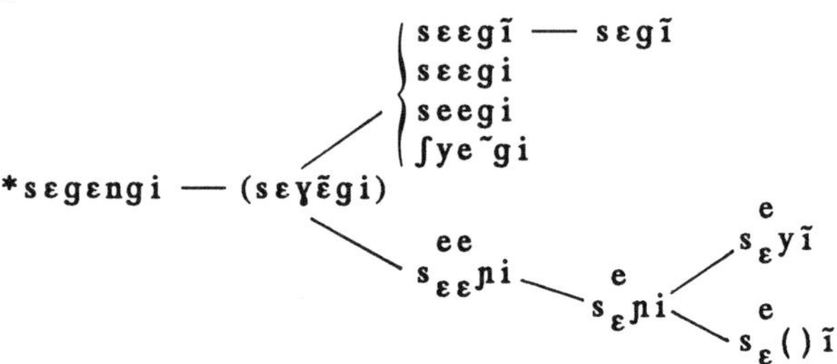

Voyelles (cf. Appendice 1b)

• *Orales antérieures*

ε/ε 175. "rire"

*diεlε — jεlε — jεε
jεrε
yεlε — yεε
yεrε

ε/e 218. "fer"

*ndεgε — dεgε
ndεʁε
nεgε — nεɣε — nεε ~ nee
nεʁε
nε?ε

a / i~ɛ **70. "tissu, pagne"**

*fagani — faɣani — faani — fani — fã
faʁani

• *Orales postérieures*

ɔ / ɔ **98. "étroit"**

*dɔgɔ — dɔɣɔ ~ lɔɔ
dɔʔɔ
dɔʁɔ

o / u **107. "méchant"**

*diogunu — (diugunu) — jugũ — juu˜ — jũ
yugu — yuu
(diogo) — yogo — yoɣo — yoo
yoʁo

Nasales

ĩ / ũ **9. "sein"**

*sinu — sini — si˜ — sĩ
(sunu) — su˜ — sũ

ɛ̃ / ɛ̃ **91a. "graisse"**

*kiɛnɛ — kyɛ˜ — kɛ̃
cɛɛ˜ — cɛ˜ — cɛ̃

182. "entendre"

*mɛnɛ — mɛ˜ɛ — mɛ̃ɛ̃ — myɛ̃
mɛ̃

ẽ / ẽ **114. "un"**

*kengeḷe — (ke˜geḷe) — kẽgee — kẽgye
ke˜eḷe — kelẽ — kelẽ — kee — kye
kere˜ — kre
kerẽ

e / e / ĩ **134. "tomber"**

*bine — bi˜ — bĩ — bi
be˜e — bẽẽ — bẽ
bee — bye

ɔ̃/ɔ 110. **"faim"**

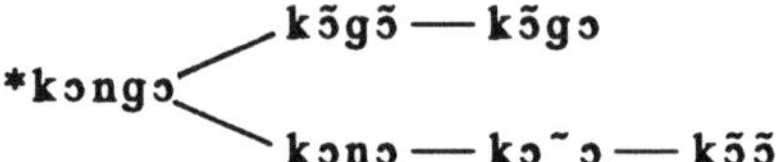

• *Antérieures arrondies*

u/ü 67. **"corde"**

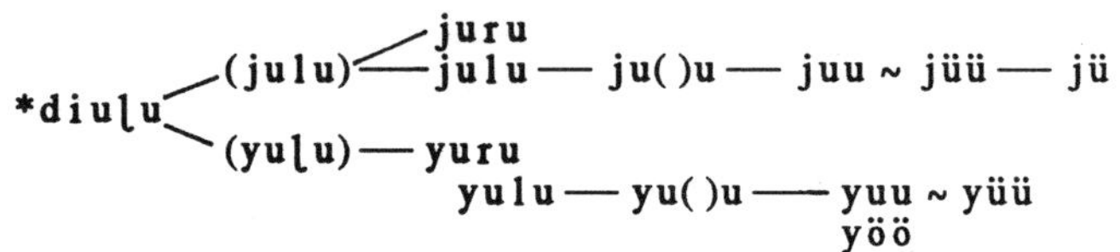

o/ö 24. **"plume"**

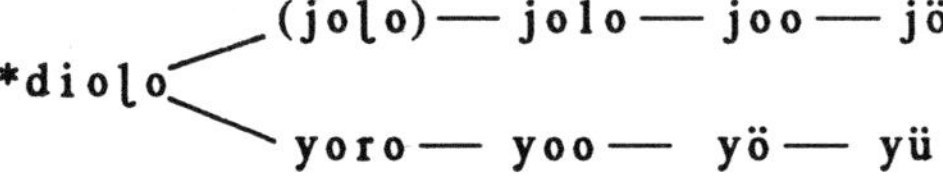

Fascicule 2

ANNEXES ET APPENDICES

*

ORIENTALISTE, P.B. 41, B-3000 Leuven